O NOVO TESTAMENTO

Dados Internacionais de Catalogação na Publicação (CIP)
(Câmara Brasileira do Livro, SP, Brasil)

Burnet, Régis

O novo testamento : de Jesus à formação do cânon / Régis Burnet ; tradução de Rosemary Costhek Abílio. – Petrópolis, RJ : Vozes, 2025.

Título original: Le nouveau testament
ISBN 978-85-326-7187-5

1. Bíblia. N. T. – Estudo 2. Novo Testamento 3. Teologia I. Título.

25-253119 CDD-225.07

Índices para catálogo sistemático:
1. Bíblia : Novo Testamento : Estudo   225.07

Eliane de Freitas Leite – Bibliotecária – CRB-8/8415

Régis Burnet

O NOVO TESTAMENTO
De Jesus à formação do cânon

Tradução de Rosemary Costhek Abílio

EDITORA
VOZES

Petrópolis

© 2021, Presses Universitaires de France / Humensis.

Tradução do original em francês intitulado *Le nouveau testament*.

Direitos de publicação em língua portuguesa – Brasil:
2025, Editora Vozes Ltda.
Rua Frei Luís, 100
25689-900 Petrópolis, RJ
www.vozes.com.br
Brasil

Todos os direitos reservados. Nenhuma parte desta obra poderá ser reproduzida ou transmitida por qualquer forma e/ou quaisquer meios (eletrônico ou mecânico, incluindo fotocópia e gravação) ou arquivada em qualquer sistema ou banco de dados sem permissão escrita da editora.

Conselho Editorial

Diretor
Volney J. Berkenbrock

Editores
Aline dos Santos Carneiro
Edrian Josué Pasini
Marilac Loraine Oleniki
Welder Lancieri Marchini

Conselheiros
Elói Dionísio Piva
Francisco Morás
Teobaldo Heidemann
Thiago Alexandre Hayakawa

Secretário executivo
Leonardo A.R.T. dos Santos

Produção editorial

Anna Catharina Miranda
Eric Parrot
Jailson Scota
Marcelo Telles
Mirela de Oliveira
Natália França
Priscilla A.F. Alves
Rafael de Oliveira
Samuel Rezende
Verônica M. Guedes

Editoração: Piero Kanaan
Diagramação: Editora Vozes
Revisão gráfica: Fernanda Guerriero Antunes
Capa: Isabella Carvalho
Ilustração de capa: Afresco bizantino representando o Primeiro Concílio de Niceia. Igreja de São Nicolau, Myra (atualmente Demre, Turquia).

ISBN 978-85-326-7187-5 (Brasil)
ISBN 978-2-7154-0626-1 (França)

Este livro foi composto e impresso pela Editora Vozes Ltda.

Sumário

Introdução 9

Parte I
A Era "Apostólica": primeiros discípulos, primeiras redações

1 Primeiras comunidades e primeiras tradições............ 21
   1.1 Evolução das primeiras comunidades 21
   1.2 As primeiras tradições 24

2 Paulo e as cartas paulinas 29
   2.1 Paulo, na linha da teologia de Antioquia 29
   2.2 As Epístolas aos Tessalonicenses (c. 51) ou as
       contrariedades da pregação 30
   2.3 Os anos de Éfeso e o combate aos judeu-cristãos....33
   2.4 As crises coríntias (c. 53-57) 37
   2.5 Paulo teólogo: a Epístola aos Romanos (c. 57) 42

Parte II
A Era Subapostólica

3 O Evangelho de Marcos 49
   3.1 Evangelho, um novo tipo de texto................50
   3.2 O Evangelho do Filho de Deus 52

4 Os escritos dos cristãos de origem judaica 56
   4.1 Definir-se com relação ao judaísmo sacerdotal:
       o texto de Hebreus...............................57
   4.2 Promover um cristianismo impregnado de
       judaísmo: a Epístola de Tiago 59
   4.3 Defender a inserção do movimento cristão no
       judaísmo: o Evangelho de Mateus.................61

5 O despertar das comunidades paulinas.................. 65
   5.1 Prosseguir a teologia de Paulo: Colossenses e Efésios . 65
   5.2 Justificar aos não judeus a missão de Paulo:
       a obra de Lucas..................................68
   5.3 Remodelar as comunidades: as epístolas pastorais...72

Parte III
A terceira geração

6 Uma singularidade teológica e litúrgica: o *corpus* joanino.. 77
   6.1 As Três Epístolas de João e as convulsões da
       comunidade joanina 80
   6.2 O Quarto Evangelho: um Evangelho original.......82
   6.3 Inquietar e tranquilizar: o Apocalipse 86

**7 Definir-se diante do mundo: os últimos escritos do
Novo Testamento 90**
   7.1 Definir-se com relação ao mundo romano: a Primeira
       Epístola de Pedro...............................91
   7.2 Definir a fé das comunidades: Judas e 2Pedro.......93

Parte IV
Canonizações e manuscritos

8 A organização do cânon **97**
   8.1 A lenta emergência da ideia de "cânon"
      (séculos II e III) 97
   8.2 Desenvolvimento da ideia canônica 100
   8.3 Fechamento do cânon 102

9 As edições do Novo Testamento **105**
   9.1 Uma multiplicidade de textos (séculos II ao IV) ... 107
   9.2 A Igreja põe um pouco de ordem
      (séculos IV ao IX) 108
   9.3 Do texto padronizado ao texto impresso
      (séculos IX ao XIX) 113

Anexos
1 Resumo para localizar-se dentro do Novo Testamento **119**
   1.1 A tela em comum dos Evangelhos 119
   1.2 Os relatos da infância 121
   1.3 Principais acontecimentos da vida de Jesus fora
      da tela em comum 122
   1.4 Passagens célebres fora do Novo Testamento 125

2 Métodos e atores da interpretação do Novo Testamento **127**
   2.1 Análise das circunstâncias de produção:
      o mundo por trás do texto 127
   2.2 Análise metatextual: o mundo do texto 130
   2.3 Análise da recepção do texto: o mundo
      adiante do texto 131

Cronologia 133
Glossário 139
Bibliografia 147

Introdução

Lemos ocasionalmente que o Novo Testamento seria o "livro fundador" do cristianismo. A expressão não é exata. Para caracterizar o papel preeminente desses 27 livros, que os distingue de toda a literatura cristã escrita em sua época, é preciso encontrar outra fórmula. De fato, o Novo Testamento não "fundou" o cristianismo no sentido de tê-lo precedido e modelado: a religião e seu livro sagrado desenvolveram-se no mesmo passo, a ponto de não ser possível descrever um sem falar das tensões e rivalidades que presidiram o nascimento da outra. Novo Testamento e história do cristianismo primitivo são inseparáveis: a percepção e a transmissão dos acontecimentos vividos pelos primeiros discípulos constituem elementos de interesse para a comunidade e moldam-na, pois é a vontade de transmitir que une esse conjunto de pessoas em comunidade. Mas, em troca, a evolução das comunidades primitivas condiciona os meios e os modos dessa transmissão.

1 De Jesus ao Novo Testamento

Portanto, não compreenderemos o Novo Testamento se o dissociarmos daquilo que preside o nascimento do cristianismo: o testemunho de um grupo de judeus da Galileia, segundo o qual Jesus, que pregou entre eles a vinda do Reino de Deus, era o Messias prometido por Deus: ressuscitara e vencera a morte e anunciava a conclusão de uma nova aliança entre os homens e Deus.

1.1 O meio dos judeus da Judeia

Essa crença despontou entre os judeus da Judeia, num estágio específico da história de um judaísmo marcado pelo Exílio (587-538 a.C.) e num ambiente cuja complexidade vem sendo cada vez mais avaliada nos últimos quarenta anos.

Do período concomitante com o Exílio (587-538 a.C.) esse meio havia conservado as *crenças messiânicas*: na linhagem dos profetas de Judá e particularmente de Isaías, alguns meios aguardavam a vinda de um descendente do Rei Davi, um Messias, que restauraria a independência política e religiosa que o país perdera. Numa época mais tardia (por volta do século II a.C.), essa expectativa, inicialmente dinástica, foi sustentada por numerosos grupos tanto políticos como religiosos.

Do período pós-exílico provinham a instituição da *sinagoga* e sua progressiva instauração a partir do século II. Sem abandonar o culto sacrificial do templo, a sinagoga privilegiava um modo novo de praticar a religião: a leitura, a meditação sobre os textos, a oração.

Herdeiro do período pós-exílico, esse judaísmo apresentava uma *multiplicidade de faces*. Frequentemente se diz, repetindo o historiador Flávio Josefo (38-100), que por volta do século I três tendências o dominavam: os saduceus, próximos do Templo e de um respeito formal à Lei; os fariseus, que queriam substituir esse respeito social por um respeito moral à Lei; e os essênios, que se afastavam do restante do povo para viverem de acordo com as regras de uma pureza muito estrita. Atualmente, essa caracterização se mostra muito redutora, pois os grupos parecem bem mais diversificados e as fronteiras, mais permeáveis.

Por fim, é preciso lembrar que ao quadro anterior se acrescenta uma *diáspora helenística*, uma "dispersão" dos judeus nas terras grecófonas, cuja língua adotaram: Egito (especialmente Alexandria), Síria e Babilônia, Acaia e Itália. Na Galileia eram utilizados tanto o grego como o aramaico, a língua que substituíra o hebraico, e em muitos lugares os judeus não eram maioria. Portanto, os seguidores de Jesus conheciam a cultura helenística (não judaica) e as inovações intelectuais da diáspora, cujas marcas se conservam em alguns livros da Bíblia (o Livro da Sabedoria, por exemplo), em alguns livros apócrifos judaicos (os livros de Henoc, o Testamento de Moisés etc.) e nos escritos de Fílon de Alexandria (16 a.C. – 50 d.C.): uma nova compreensão das grandes figuras bíblicas (Elias, Henoc etc.); meditação sobre motivos herdados do profetismo (a vinha de Israel, o Bom Pastor, o Cordeiro de Deus); exploração de novas formas literárias, como a apocalíptica substituindo o gênero profético. O simples enunciado dessas inovações que estão em toda parte no Novo Testamento já prova a influência dessa diáspora helenística.

1.2 Jesus de Nazaré

Não cabe nos limites desta obra tratar da figura de Jesus. Lembraremos simplesmente que ele surgiu na Galileia durante o reinado de Tibério, no mandato de Pôncio Pilatos (por volta dos anos 27-30); que se apresentou sob a tríplice figura de profeta, curandeiro e mestre da sabedoria, fez pregações que lhe valeram a benevolência das multidões, foi preso por motivos políticos e religiosos obscuros e foi crucificado. Imediatamente após sua morte, ocorrida provavelmente no ano 30 (ou em 31, ou em 33), seus discípulos afirmaram que seu corpo desaparecera do túmulo, que ele ressuscitara e lhes havia aparecido. Então deram destaque às palavras que pronunciara, especialmente as da última refeição que tomara com eles (a "Ceia") e que proclamaram a Boa Nova – é esse o sentido da palavra "Evangelho", em grego *euangélion* – do que haviam vivenciado e da Nova Aliança que Deus estabelecera em Jesus com os homens.

1.3 O testemunho

A história da primeira comunidade cristã – e, para além dela, de todo o movimento cristão – articula-se em torno do conceito de *testemunho*. De fato, o cristianismo nasce da necessidade de atestar sobre a vida e a mensagem de Jesus e desenvolve-se aprofundando esse testemunho. Sem essa noção-chave, a escrita, e particularmente a escrita dos livros que entrarão no Novo Testamento, não pode ser compreendida naquela sociedade essencialmente oral.

1.4 "Novo Testamento"

Antes de ser aplicado a livros, o termo *testamentum* (em latim) ou *diathéke* (em grego) designava a aliança que Deus estabelecera com Noé, Abraão, Isaac, Jacó e seus descendentes, para conceder-lhes apoio e bênçãos. Mas, logo antes do Exílio (c. 587 a.C.), Jeremias já anunciava que Deus concluiria uma "nova aliança" (Jeremias 31,31-33) com seu povo. Paulo, por sua vez, chamava a aliança feita com Abraão de "antiga aliança" (2Coríntios 3,14); e, na Epístola aos Gálatas, teoriza a existência de duas alianças: uma antiga e uma nova (Gálatas 4,21-31). O autor de Hebreus mencionava "uma nova aliança" (Hebreus 8,6; 9,15; 12,24). Somente a partir de meados do século II, e por deslocamento de sentido, os cristãos começaram a designar como "Novo Testamento" o *corpus* daqueles entre seus escritos que consideravam "canônicos" (cf. tabela na parte IV, capítulo 8), o que levou a nomear de "Antigo Testamento" os escritos de Israel que eles conservaram.

2 Composição e etapas de redação do Novo Testamento

Seguindo esse último hábito, denomina-se "Novo Testamento" um conjunto de livros agrupados de maneira relativamente tardia e reconhecidos como canônicos pelas comunidades cristãs. Essa coleção teve rivais. Foram conservados livros não canônicos ou apócrifos, bem como recensões concorrentes, que o historiador também deve levar em conta a fim de estar a par da totalidade de tradições das comunidades primitivas – como as palavras atribuídas a Jesus – e, em troca, aclarar sua leitura do Novo Testamento.

2.1 Composição do Novo Testamento

Seguindo a ordem estabelecida dos livros, são tradicionalmente distinguidos no Novo Testamento cinco grandes conjuntos.

• Os quatro Evangelhos, que narram o nascimento, a vida, a morte e a ressurreição de Jesus, são designados pelo nome de seu presumível autor: Mateus, Marcos, Lucas e João. Os três primeiros são chamados de "evangelhos sinópticos", porque seguem a mesma trama e, portanto, podem ser postos em sinopse, em quadro comparativo;

• Os Atos dos Apóstolos, do mesmo autor do Evangelho de Lucas, narram a primeira pregação apostólica e os primórdios das primeiras comunidades cristãs, centralizando-se em Pedro e Paulo;

• As epístolas (ou cartas) de Paulo, escritas pelo Apóstolo ou por seus sucessores sob seu nome. Distinguem-se tradicionalmente as primeiras epístolas (1Tessalonicenses, 2Tessalonicenses), as grandes epístolas (Gálatas, 1Coríntios, 2Coríntios, Romanos), as epístolas "do cativeiro", cujo autor se diz prisioneiro (Filipenses, Colossenses, Efésios e Filêmon), as epístolas "pastorais", cujo autor faz recomendações a líderes de comunidade (1Timóteo, 2Timóteo, Tito). É preciso pôr de lado o texto de Hebreus, que na realidade colige uma homília que seguramente não é de Paulo;

• As epístolas católicas, assim chamadas porque se dirigem **não a comunidades ou a indivíduos, como as cartas de Paulo, e sim à Igreja** "universal" (que é o sentido grego de *katholikós*) e têm apóstolos como autores declarados: uma epístola de Tiago, duas epístolas de Pedro, três epístolas de João e uma epístola de Judas;

• O Apocalipse de João, o único livro em estilo apocalíptico no Novo Testamento.

2.2 Nomes dos livros, capítulos, versículos

É preciso observar que os *nomes* que acabamos de mencionar são sempre posteriores à redação dos livros. Os nomes dos evangelhos provêm da tradição de Irineu de Lyon; as epístolas de Paulo são designadas por seus destinatários; as epístolas católicas são nomeadas a partir de seus autores – ainda que 1João não tenha endereço e 2João e 3João se anunciem como cartas do "Ancião". Apenas o Apocalipse porta o nome que seu autor lhe deu no primeiro versículo.

Também é preciso observar que a *divisão em capítulos e versículos* data de uma época tardia. A ideia de dividir a Bíblia cristã em capítulos vem certamente de Lanfranc, conselheiro de Guilherme o Conquistador (c. 1066); ela imita a prática dos rabinos, que cindiram a Bíblia hebraica em *sedarim*, porções de textos destinadas à leitura na sinagoga. A divisão atual procede de Étienne Langton, professor na Sorbonne no século XIII, que a introduziu por volta de 1225 na Bíblia latina. O versículo é uma unidade de ritmo, de sintaxe e de sentido, herdada dos latinos, que costumavam facilitar a leitura por meio de marcas que indicavam as pausas respiratórias. A subdivisão em versículos foi efetuada em 1509 pelo impressor parisiense Henri Estienne, para uma edição dos salmos; seu filho Robert Estienne estendeu-a para todo o texto em sua edição completa de 1555 da Bíblia latina. Conta a lenda que Henri Estienne elaborou essa divisão em versículos durante uma cavalgada entre Lyon e Paris. Verdadeira ou não, essa história expressa a maneira "cavaleira" como as bíblias modernas são divididas.

2.3 Etapas de redação do Novo Testamento

Em vez de seguir a ordem tradicional dos livros, vamos dar preferência, como já dissemos, ao desenvolvimento histórico. Assim, adotando a opinião da maioria dos pesquisadores, distinguiremos várias etapas de redação:

- *Era "Apostólica" (c. 30-70)*: os primeiros discípulos de Jesus fazem a primeira pregação, organizam-se em comunidades ou, como Paulo, compõem os escritos mais antigos do Novo Testamento;
- *Era Subapostólica (70-90)*: a segunda geração de cristãos enfrenta não só a morte dos apóstolos, mas também as consequências da catastrófica revolta judaica; eles escrevem para conservar os ensinamentos apostólicos, instalar ao longo do tempo as comunidades e definir-lhes as relações com os judeus não cristãos;
- *Terceira geração de discípulos de Jesus (90-120)*: após quase um século de existência, as problemáticas das comunidades mudam; ela produz novos textos para enfrentar a hostilidade dos não cristãos e precisar sua teologia;
- *Após a redação final do Novo Testamento (na virada do século II)*: ao período dos redatores superpõe-se o dos editores, que decidem quais livros entrarão no Novo Testamento e em quais versões; e o dos tradutores, que o transmitem em múltiplas línguas.

A partir das últimas décadas do século XX, os estudos neotestamentários passaram por uma forte mudança de perspectiva. Enquanto se considerava que a separação entre cristianismo e judaísmo ocorrera num período muito precoce – os anos 70 e a queda do Templo de Jerusalém geralmente constituíam um ponto de partida –, novos trabalhos mostraram que a separação foi um processo de longuíssima duração que só se encerrou realmente no início da Idade Média e apresentou configurações e temporalidades que diferiram de uma área geográfica para outra.

A primeira edição do Novo Testamento tentava inserir a apresentação de seus livros numa trama cronológica que valorizava a diversidade das comunidades dos primeiros tempos do cristianismo. Dez anos após essa primeira edição, novos estudos surgiram. Assim, a segunda edição foi beneficiada com uma reescrita substancial que levou em conta as modificações importantes que se impunham tanto nas interpretações quanto na cronologia. A terceira edição prossegue esse trabalho de adaptação à pesquisa em curso, principalmente com relação às epístolas e ao Apocalipse.

Parte I
A Era "Apostólica": primeiros discípulos, primeiras redações

Dispersados pelo aprisionamento de Jesus, os discípulos reúnem-se em comunidade independente, impulsionados por uma série de fenômenos extraordinários: mulheres dizem que encontraram vazio o túmulo; Maria Madalena, Pedro e os apóstolos afirmam que estiveram com Jesus em carne e osso, o que fundamenta o testemunho de sua ressurreição; no Dia de Pentecostes, os discípulos tiveram uma experiência mística; Paulo afirma que teve uma revelação. Esses acontecimentos convergem para formar duas novas crenças:

(1) Jesus ressuscitou dos mortos;

(2) Ele envia em missão seus discípulos para proclamarem que o tempo da Nova Aliança chegou.

A essas convicções fundadoras soma-se uma terceira: a expectativa de um próximo retorno de Jesus. Portanto, a *urgência* domina a vida das primeiras comunidades, o que explica amplamente que seus membros escrevam pouco ou, como Paulo, só se disponham a escrever sob pressão das circunstâncias.

1
Primeiras comunidades e primeiras tradições

1.1 Evolução das primeiras comunidades

A história das primeiras comunidades cristãs conheceu uma forte inflexão a partir dos anos 1960. Depois de durante muito tempo confiarem inteiramente nos Atos dos Apóstolos, que presumivelmente traçavam o retrato fiel dessas comunidades, e basearem-se em alguns excertos irênicos do memorialista cristão Eusébio de Cesareia (c. 265-340; eles datam de 300-320), os historiadores passaram a enfatizar as oposições que as agitaram. Destacam que, contrariando as afirmações do século XIX e do início do século XX sobre um judeo-cristianismo (um cristianismo "que permaneceu judaico") que se defrontaria com um cristianismo grego vindo do paganismo e faria o cristianismo sair da órbita judaica, esses conflitos inserem-se num contexto judaico.

1.1.1 A comunidade de Pedro e Tiago

Logo em sua eclosão, a comunidade primitiva estabeleceu-se em Jerusalém, pelo menos segundo Lucas. Para esses primeiros discípulos que nada retinha na cidade santa, isso equivalia a "lançar-se na goela do lobo": acaso Jesus não acabara de ser crucificado ali? É uma clara evidência de que já em sua origem esse primeiro grupo se acreditava investido de uma missão escatológica: eles faziam novamente da cidade santa o ponto de partida da nova era que anunciavam. Duas tendências parecem ter dominado a comunidade de Jerusalém em torno de duas figuras: Pedro, o chefe do grupo de discípulos; e Tiago, que gozava de uma espécie de legitimidade dinástica, pois pertencia à família de Jesus e às vezes é chamado de "irmão do Senhor" (o sentido exato de "irmão" – ele era filho de Maria ou um simples parente? – continua em debate entre os especialistas). Os testemunhos afirmam que a assembleia de Pedro e Tiago tinha uma intensa vida litúrgica em torno do Templo, acrescentando-lhe cerimônias próprias: uma celebração vesperal particular no dia seguinte ao sabá e comemorações comunitárias da Paixão de Cristo.

1.2.1 Irrupção de um novo grupo: os helenistas

Em breve surgiu uma nova tendência, que os Atos dos Apóstolos apresentam como uma necessidade organizacional diante da expansão do grupo – auxiliar no serviço das mesas: os helenistas, dirigidos por Estêvão. Quem eram eles? Na linha da Escola Alemã do século XIX, frequentemente se afirmou que se tratava de judeus "liberais" que haviam se separado do Templo e cuja cultura grega preparava para acolherem a Boa Nova cristã num contexto independente do judaísmo. Além de essa valorização do helenismo com relação ao judaísmo ocasionalmente ter origem num antissemitismo difuso, afirmar que falar grego bastava para compartilhar uma cultura grega não tinha sentido na Antiguidade; basta ler os papiros gregos do Egito ou os escritos de Fílon de Alexandria para perceber que seus autores, ao mesmo tempo que utilizavam o grego, permaneciam egípcios, permaneciam judeus; mais do que vetor de uma pretensa essência helenística, o grego era um instrumento de comunicação.

Na realidade, as reivindicações helenistas expressavam as concepções do judaísmo da Diáspora, distante do judaísmo palestino e da tripartição essênios-saduceus-fariseus, já mencionada. Se, por volta de 36-37, Estêvão, o chefe dos helenistas, é apedrejado e se os helenistas se retraem em Antioquia, as pontes com a comunidade de Jerusalém não são rompidas, visto que Pedro irá a Antioquia e o primado da cidade santa parece conservado nela.

1.3.1 Um grupo discreto em torno do "Discípulo Amado"

Um terceiro grupo, mais discreto, parece ter se constituído nessa época. Reunido em torno de um discípulo anônimo que se intitulará "Discípulo Amado" e que a tradição identificará a João, esse grupo conta com um forte enraizamento palestino. Conservou tradições próprias, uma teologia que exaltava altamente a pessoa de Jesus e lhe dedicava um culto particular.

O equilíbrio dessa primeira comunidade de Jerusalém se rompe em meados da década de 40. Os Atos dos Apóstolos acusam o Rei Herodes Agripa I de ter levado a cabo uma "perseguição" (Atos 12) que os historiadores contemporâneos têm dificuldade para explicar. O certo é que Pedro cede seu lugar a Tiago para empreender uma missão rumo à Síria; Tiago, irmão de João, morre decapitado; Tiago, "irmão" de Jesus, e seu grupo próximo do Templo assumem o controle da comunidade de Jerusalém.

1.2 As primeiras tradições

Para a história do Novo Testamento, essas primeiras comunidades apresentam uma característica primordial, mas paradoxal: nenhum texto da época foi conservado e, entretanto, nela foram elaborados os prelúdios da tradição cristã que estarão na origem do Novo Testamento. De fato, embora, segundo o testemunho de Eusébio de Cesareia, Pápias, Bispo de Hierápolis (c. 125), afirme que existia uma coleção de escritos em hebraico pouco depois da morte de Jesus, nenhum nos foi transmitido e ninguém sabe o que continham. Portanto, o historiador se vê reduzido a arcabouços teóricos e a partir do texto neotestamentário para reconstruções *a posteriori* que suscitam debates acalorados.

1.2.1 Primeiros relatos da Paixão e primeiras peças litúrgicas

Dessa época datam certamente as primeiras versões das narrativas da Paixão retomadas nos evangelhos. Provavelmente foram compostas para cerimônias destinadas a memorizar o acontecimento. Dessa época data também uma série de hinos ou fragmentos de hinos que se encontram inseridos nas cartas de Paulo e dos quais ele não parece ser inteiramente o autor: Filipenses 2,6-11; Coríntios 13; Romanos 3,24-26; 6,1-11; 8,31-39; 11,33-36.

1.2.2 As tradições querigmáticas

O conceito de "*kerygma*" (termo técnico grego para "proclamação de fé") provém da constatação de que determinadas expressões reapareciam de modo praticamente idêntico numa série de escritos independentes e às vezes tardios – majoritariamente cartas de Paulo para Inácio de Antioquia (morto por volta de 107 ou 117). Ademais, essas expressões também são encontradas em escritos que não evocam explicitamente as tradições sobre o Jesus histórico: assim, os primeiros cristãos parecem ter tido várias maneiras diferentes de dar testemunho de sua fé, e uma delas é empregar "fórmulas-choque". Um apanhado das fórmulas querigmáticas pode dar uma ideia de uma expressão antiga da fé dos cristãos. *Ressurreição*: Deus ressuscitou Jesus dos mortos (cf., por exemplo, Romanos 10,9; Coríntios 15,15; Atos 3,15; 2,22.32; 13,28-30) ou Cristo ressuscitou dos mortos (Romanos 6,4.9; 2Timóteo 2,8). *Senhoria de Jesus*: "Senhor é Jesus" (cf. 1Coríntios 12,3; Hebreus 4,14), bem como as fórmulas que tratam de sua entronização à direita de Deus (2Timóteo 4,1; 1Pedro 4,5; Atos 2,33; 1Pedro 1,21; Romanos 8,34). *Morte redentora de Jesus*: "Cristo morreu por nós" (Romanos 5,8; 2Coríntios 5,14; 1Tessalonicenses 5,10); "morto por nós, ressuscitado para nós" 2Coríntios 5,15; Carta de Inácio de Antioquia aos Romanos, 6,1). *Unicidade de Deus*: "um só Deus, um só Senhor" (1Timóteo, 2,5; Efésios, 4,5). *Preexistência de Cristo*: oculto desde os séculos em Deus (Colossenses 1,26; Efésios, 3,9), conhecido antes da criação do mundo (1Pedro 1,20).

Tomadas separadamente, essas expressões nada têm de notável no judaísmo messiânico da época; é sua conexão que constitui a particularidade cristã: não havia necessidade de o Messias ter ressuscitado, de o ressuscitado ser o Senhor etc.

1.2.3 A tradição sinóptica e o documento Q

Nos evangelhos sinópticos, percebe-se que muitos episódios coincidem, como se seus autores tivessem copiado uns aos outros e dependessem de um documento primitivo que datasse da Era Apostólica. Encontramos assim episódios comuns aos três evangelistas, como o episódio da tempestade amainada (Mateus 8,23-26; Marcos 4,36-40; Lucas 8,22-26). Identificamos também episódios específicos de Mateus e Marcos, como a questão sobre o maior mandamento (Mateus 22,34-40; Marcos 12,28-34), ou específicos de Mateus e Lucas, como a cura do mudo endemoniado (Mateus 9,32-34; Lucas 11,14). Há episódios exclusivos de um único Evangelho, o de Mateus, como a fuga para o Egito (Mateus 2,13-23) ou o de Lucas, como a Anunciação (Lucas 1,26-38).

Para compreender essas intersecções foram elaboradas duas hipóteses:

(1) *A solução de Griesbach (1786)*: Mateus é o primeiro Evangelho, Lucas reescreve Mateus; Marcos, que conhece Mateus e Lucas, dá uma versão resumida de Mateus. Portanto, a concisão de Marcos se explica por uma vontade posterior de síntese. O principal apoio a essa tese se situa nas passagens em que Lucas e Mateus estão de acordo contra Marcos, chamadas de "acordos restritos". A grande dificuldade está nos desacordos entre Mateus e Lucas, que Marcos não procura solucionar: simplesmente os omite, como os relatos da infância de Jesus;

(2) *A hipótese das duas fontes*: nela a concisão de Marcos explica-se por sua anterioridade. Marcos (Mc) escreve primeiro; Mateus (Mt) e Lucas (Lc) escrevem em seguida, de modo autônomo, utilizando Marcos, eventualmente tradições que são próprias deles, bem como uma compilação independente, o documento Q (de *Quelle*, ou seja,

"fonte", em alemão). O argumento fundamental a favor da anterioridade de Marcos é que essa hipótese soluciona mais dificuldades do que a anterior.

Fig. 1 – Duas teorias de redação dos evangelhos

Hipótese de Griesbach	Hipótese das duas fontes
Mateus ↓↘ Lucas ↓↙ Marcos (Proto-Mateus)→	Marcos Q ↓↘↙↓ Mateus Lucas ← (Proto-Lucas)

Resumindo, tudo se passa como se os redatores tivessem à disposição duas fontes de documentos; a uma delas, Mt, Mc e Lc tiveram acesso: fala-se então de tripla tradição; à outra, somente Mt e Lc tiveram acesso: a fonte Q.

É difícil dizer se Mt e Lc utilizaram diretamente a fonte da tripla tradição ou se a encontraram por intermédio de Mc. Em todo caso, admite-se que Mt e Lc conheceram Mc, mas que são independentes um do outro. Mt e Mc trataram diferentemente o que descobriam em Q: Mt "recheou" com ela todo seu Evangelho; Lc preferiu inseri-la, em forma de dois grandes incisos, na trama recebida de Mc. Mt e Lc também têm textos que lhes são próprios. Mc tem pouquíssimos.

Se, efetuando uma reconstrução, procurarmos saber qual seria esse documento Q, percebemos que frequentemente se trata de *logia*, ou seja, palavras de Jesus. Esses *logia* insistem na urgência da missão, na necessidade de seguir Jesus mesmo com risco de morrer, na permanência da Lei judaica e na exigência de separar-se dessa "geração incrédula" que pratica a Lei de maneira puramente formal.

A hipótese das duas fontes é adotada pela imensa maioria de exegetas, às vezes com refinamentos teóricos. Assim, alguns postulam que o Marcos que Lucas e Mateus copiam é simplesmente uma primeira versão (*Ur-Markus*), ligeiramente diferente da segunda edição que possuímos, ou que Lucas e Mateus não teriam escrito de modo independente, visto que Lucas teria conhecido uma versão de Mateus.

Já com dois séculos de existência, a pesquisa sobre a fonte Q foi relançada no final dos anos 1980 pelos trabalhos de Kloppenborg, Mack, Crossan e Horsley, relacionados à busca do Jesus histórico. Eram os *logia* de Q puramente sapienciais, o que direcionaria Jesus para a figura do mestre de sabedoria? Tinham uma conotação apocalíptica, o que faria dele um profeta? Possuíam uma tonalidade social, o que lhe daria ênfases mais contestatórias?

Apesar da unanimidade dos pesquisadores em adotar a hipótese das duas fontes, é preciso não perder de vista que a escrita do Novo Testamento teve lugar numa cultura essencialmente oral em que pouco mais de 10% da população sabia ler. A hipótese Q, puramente literária, leva a supervalorizar a importância das *redações*, sendo que elas ocorrem após uma longa elaboração oral. O estudo das civilizações de tradição oral ensina que a transmissão segue regras muito distantes das regras da escrita: cada *performance* é compreendida como uma criação nova (o que não põe em xeque uma certa fidelidade), que se adapta a seu auditório específico. Desse modo, é impossível remontar a uma "tradição primitiva" e, *a fortiori*, a um "documento primitivo", a partir dos quais seriam compostas as diferentes *performances*. Falta definir também o meio de origem da fonte Q. A relativa hostilidade que ela parece manifestar contra as cidades e suas instituições basta para provar que foi compilada por escribas aldeões?

2
Paulo e as cartas paulinas

Paulo é o primeiro autor cujos escritos estão conservados no Novo Testamento. Mais do que tratados teológicos, são principalmente cartas de circunstância em que vemos o Apóstolo responder a perguntas de suas comunidades.

2.1 Paulo, na linha da teologia de Antioquia

A história da vida de Paulo é longamente narrada na Epístola aos Gálatas e nos Atos dos Apóstolos. Lembraremos simplesmente que Paulo, um judeu originário de Tarso que seguiu uma excelente formação – tanto helenística quanto propriamente judaica –, começa sua carreira lutando contra a comunidade cristã. Durante uma viagem para Damasco, ele se "converte" no sentido bíblico do termo: não a adoção de uma nova doutrina; e sim, o retorno a um modo mais justo de viver; em outras palavras, compreende que o Jesus que ele perseguiu por meio de seus discípulos é realmente o Cristo, o Messias que o povo judeu aguarda.

Deixando Jerusalém, vai para Antioquia, depois de parar em Damasco, onde se torna o auxiliar de Barnabé, um dos dirigentes da assembleia de Antioquia. Segue-o numa viagem missionária de Antioquia a Listra, da qual os Atos dos Apóstolos narram alguns episódios. Judeu da Diáspora, vive seu cristianismo com uma certa abertura para os não judeus: não abandonando as prescrições da Lei, mas impondo a todos concessões mútuas para que a vida em comunidade seja possível.

A crise eclode quando os judeus cristãos vindos de Jerusalém se recusam a partilhar a mesa com não judeus: tal hipersensibilidade está atestada na literatura, mas não corresponde forçosamente à tendência do judaísmo da diáspora. Paulo fica indignado ao constatar que as diferenças étnicas contam mais do que a salvação comum. Vai para Jerusalém defender sua posição perante os outros apóstolos, entre os quais Pedro e Tiago, e parece ter concluído então uma espécie de *modus vivendi*: passaria a ser "Apóstolo dos gentios", ou seja, dos não judeus. Parte, portanto, para uma missão que o leva a Éfeso, Tessalônica, Corinto e, depois, Atenas.

2.2 As Epístolas aos Tessalonicenses (c. 51) ou as contrariedades da pregação

No decorrer da viagem, Paulo para em Tessalônica, onde prega para judeus e, depois, para gregos visivelmente de condição modesta, pois é especificado que trabalham com as mãos (1Tessalonicenses 4,11). Em seguida, sai de Tessalônica rumo a Corinto. Pouco depois recebe más notícias: uma agitação foi reprimida, certamente mais por motivos sociais do que religiosos. Houve mortes na comunidade; os tessalonicenses não teriam cedido? Paulo envia um de seus auxiliares, Timóteo, que retorna com boas e más notícias: a fé dos tessalonicenses não vacilou, mas os acontecimentos suscitaram questões. Então Paulo escreve para fortalecer-lhes a confiança em sua mensagem: é a Primeira Epístola aos Tessalonicenses.

2.2.1 Primeira Epístola aos Tessalonicenses

Ao longo de sua missiva, Paulo frequentemente muda de tom, o que levou alguns exegetas, minoritários, a dividi-la em várias cartas que em seguida teriam sido compiladas juntas. Podemos identificar três grandes movimentos:

• *Alegria de constatar que os tessalonicenses não cederam* (2,13-4,12), segundo o relato de Timóteo, e *rememoração da evangelização de Tessalônica* (2,1-12). Paulo mostra assim aos tessalonicenses que não prometera que tudo seria fácil e que as provações também estão no centro da vida cristã;

• *Resposta à questão da volta de Cristo* (4,13-5,11). Os tessalonicenses, que contam os primeiros mortos em suas fileiras, realmente se inquietam: vão ser salvos, mesmo que Cristo ainda não tenha voltado? Demonstram assim uma crença muito difundida no cristianismo primitivo: o retorno de Cristo estaria próximo. Paulo responde afirmando que os mortos ressuscitarão primeiro e acompanharão os vivos ao encontro de Cristo;

• *Resposta aos excessos de alguns membros da comunidade* (5,12-22). Em seu entusiasmo, parece que Paulo levou a acreditarem que o fato de se tornar cristão daria acesso a uma vida sem injunções materiais, pois Cristo logo voltaria. Alguns cristãos entregaram-se ao que Paulo considera desvios de conduta, e que este tenta reduzir com suas recomendações.

2.2.2 Segunda Epístola aos Tessalonicenses

Desde o final do século XVIII, a Segunda Epístola aos Tessalonicenses coloca um problema de autenticidade. Os argumentos a favor da pseudoepigrafia – o fato de escrever sob o nome de outrem – são numerosos: Por que Paulo teria redigido uma carta tão semelhante a 1Tessalonicenses? Se considerou adequado fazer isso, por que variou seu estilo, compondo frases mais longas e mais complexas? Por que encerrou sua epístola afirmando que "A saudação é do meu próprio punho, Paulo. É este o sinal de todas as minhas cartas" (2Tessalonicenses 3,17), sendo que até então enviara apenas uma carta, no caso 1Tessalonicenses? Por que ele volta ao assunto da perseguição, sendo que em 1Tessalonicenses o momento parece mais de apaziguamento?

Se optarmos pela autenticidade, devemos ver em 2Tessalonicenses um modo de insistir na questão da perseguição e no retorno de Cristo: após uma ação de graças pela fé dos tessalonicenses (1,3-12), Paulo retoma seu ensinamento sobre os sinais que precederão a volta de Cristo (2,1-12) e faz uma série de recomendações pastorais destinadas a acalmar o ardor dos que creem que Cristo está vindo.

Se optarmos pela inautenticidade, podemos datá-la do final do século I, numa época em que se desencadeiam as primeiras hostilidades contra os cristãos. O ímpio que procura ser adorado sentando-se no trono de Deus (2,3-9) seria uma figura escatológica que se contrapõe ao plano de Deus. Esses versículos servem de fundamento para a crença na vinda de um Anticristo no fim dos tempos. Com essa carta, um cristão da órbita paulina teria reavivado os ensinamentos do Apóstolo, relembrando que não deve enganar-se sobre os sinais e acreditar em falsos profetas (2,3), e que convém conduzir-se com moderação e esperança.

2.3 Os anos de Éfeso e o combate aos judeu-cristãos

Depois da viagem à Grécia, Paulo fixa-se em Éfeso, onde estabelece a retaguarda de suas missões; comporta-se como líder de comunidade e reage por meio das cartas às crises que elas enfrentam e, particularmente, à crise "judaizante", assim chamada a partir de um termo que utiliza na Epístola aos Gálatas. De fato, em Antioquia, uma mudança no equilíbrio das influências coloca em minoridade a posição paulina e fragiliza o *modus vivendi* combinado com o Apóstolo. Não se sabe se, como se dizia antigamente, "contrapregadores" pretendem levar as assembleias à concepção de Jerusalém ou se a oposição provém do interior das comunidades. De todo modo, o "Apóstolo dos Gentios" reage com uma série de cartas que, ao mesmo tempo que permanecem no seio do judaísmo, colocam distinções que depois foram pretexto para sair dele e que podem sugerir que Paulo seria o teórico de um cristianismo separado do judaísmo.

2.3.1 A Epístola aos Gálatas (c. 54-56)

Habitantes da região de Ancira, atual Ancara, os gálatas são descendentes dos celtas gauleses provenientes dos Balcãs; Paulo evangelizou-os durante sua viagem à Grécia. Fruto de uma pregação fortuita (fez uma parada devido a uma doença), a fundação das comunidades da Galácia foi para Paulo uma espécie de confirmação divina da legitimidade de sua missão rumo aos não judeus. E foi justamente na Galácia que alguns pregadores hostis a Paulo tentaram forçar os cristãos saídos dos cultos locais a adotar posições judaicas. Isso explica a violência com que ele responde aos que pretendem judaizar a comunidade. Após um exórdio cheio de dolorosa estupefação (1,1-10), contra-ataca em três pontos:

(1) *Paulo justifica sua legitimidade apostólica* (1,11-2,14): por meio de um relato que constitui uma das fontes mais importantes para compreender a história do primeiro cristianismo, Paulo mostra que a evangelização dos não judeus constitui seu território preferencial;

(2) *Paulo refuta seus adversários, distinguindo entre a fé e a Lei* (2,15-4,31): juntamente com certas passagens da Epístola aos Romanos e da Primeira Epístola aos Coríntios, essa demonstração pode ser considerada central no pensamento paulino. Na linha de Jesus, que pregava um respeito interiorizado à Lei judaica, Paulo afirma o primado da fé sobre a Lei (2,15-21). Em seguida, alinha seis argumentos para justificar essa posição.

(a) Os gálatas vivenciaram manifestações espirituais por ocasião de sua pregação. Elas ratificaram seus ensinamentos, sendo que o Apóstolo não lhes havia falado da Lei. Por que obedecer a Lei se tornaria subitamente necessário (3,1-5), se bastava a fé?

(b) Lê-se nas Escrituras (Gn 15,6) que as bênçãos concedidas a Abraão provinham de sua fé; ora, Abraão não conheceu a Lei, que chegou com Moisés;

(c) Assim como um testamento ratificado não pode ser anulado por um adendo posterior, também as promessas feitas a Abraão em nome de sua fé não podem ser anuladas pela Lei vinda posteriormente (3,15-25);

(d) Os gálatas foram destinados à liberdade; por que querem escravizar-se à Lei? (3,26-4,11);

(e) Os gálatas trataram bem Paulo; por que ele se tornaria inimigo deles? (4,12-20);

(f) Com as duas mulheres do patriarca Abraão, as Escrituras dão um exemplo tipológico da situação atual. Agar, a serva, não representa os gentios; e sim, a Jerusalém atual, serva da Lei; e Sara, a mulher livre, encarna Jesus, a Jerusalém celeste libertada (4,12-31).

(3) Paulo conclui com uma *exortação contra esses pregadores* e um *elogio à liberdade cristã* (5,1-6,10).

Essa epístola coloca o problema central da *justificação* e da *justiça de Deus* em Paulo. O Apóstolo herdou esses conceitos da descrição feita pelos apocalipses da misericórdia divina no Julgamento Final. Precisamos distinguir duas faces. A "*justiça de Deus*" caracteriza o fato de Deus salvar os homens pela vinda de Jesus Cristo e pela fé que os homens depositam nele. Portanto, o termo "justiça" não tem o sentido de justiça retributiva; e sim, o de uma salvação que "ajusta" o crente ao que Deus quer. A *justificação* descreve a nova relação entre Deus e os homens que a vinda de Cristo possibilita: doravante, os homens estão "justificados" perante Deus, ou seja, quites.

2.3.2 *A Epístola aos Filipenses (c. 54-56)*

Argumentando que Paulo se apresenta como "prisioneiro", os exegetas datavam a Epístola aos Filipenses do último encarceramento em Roma. Parece que, em vez disso, ela remonta a uma detenção em Éfeso: a carta pressupõe contatos próximos com Filipos, que se situa longe de Roma, mas relativamente perto de Éfeso. Colônia romana localizada a oeste de Tessalônica, Filipos constituía um importante centro comercial onde veteranos tinham se estabelecido depois da guerra civil romana. Podemos identificar nessa epístola três temas básicos, o que às vezes levou alguns exegetas a postular a existência de três cartas:

• *Agradecimento por subsídios que a comunidade de Filipos lhe enviou em sua prisão* (4,10-20);
• *Introspecção sobre sua situação na prisão* (1,1-3-1; 4,2-9).
Nessa passagem, Paulo faz uma reflexão sobre a morte e

sobre o rebaixamento, comparando seu sofrimento pessoal com o sofrimento de Cristo, que ele descreve graças a um hino preexistente (2,5-11). Abre assim caminho para as meditações, muito frequentes no cristianismo posterior, da *imitatio Christi*.

O hino da Filipenses suscitou muitos comentários, pois coloca várias questões. A de sua origem: foi composto em grego ou em aramaico? Tem ressonâncias proféticas, gnósticas ou sapienciais? A questão do sentido a ser dado a sua cristologia, que gira em torno da fórmula: "Ele, subsistindo na condição de Deus, não se apegou à sua igualdade com Deus. Mas esvaziou-se a si mesmo" (Filipenses 2,6-7). Descreve essa fórmula um movimento de encarnação (passagem da "forma divina" para a "forma humana")? Faz um jogo com duas figuras: a de Adão, criado à semelhança de Deus, que desejou exaltar-se infringindo as ordens divinas e, expulso do paraíso, foi rebaixado; e a de Cristo, novo Adão, também em forma de Deus, que quis rebaixar-se e foi exaltado?

- *Polêmica contra três divisões na comunidade de Filipos*: um conflito interno dentro do grupo entre Evódia e Síntique (4,2-3), duas mulheres que trabalharam com Paulo; uma oposição externa que talvez reflita uma intimidação aos membros da comunidade (1,28-29); uma contestação a certos judeus cristãos que Paulo chama de "cães" (3,2-3).

2.3.3 A Epístola a Filêmon (c. 54-56)

Numa carta curta, Paulo fala em defesa de Onésimo, um escravo de Filêmon que foi procurá-lo na prisão. Ao tornar público seu pedido, pois se dirige à comunidade que se reúne na casa deste, Paulo faz do assunto Filêmon um caso prático de fraternidade cristã: ao converter-se, Onésimo tornou-se para Filêmon um irmão na fé, mesmo sendo escravo. A segunda epístola "do cativeiro" geralmente se passa em Éfeso, e não em Roma, pois Paulo menciona um encontro com Filêmon, plausível a partir de Éfeso, cidade localizada a algumas dezenas de quilômetros de Colossos, onde este mora. No século XXI, a epístola coloca-nos um sério problema ético: por que Paulo não exige a emancipação do escravo? Podemos invocar a evolução das mentalidades, que colocaram a liberdade individual no centro das relações sociais, mas também uma crença teológica formulada em Gálatas 7,22, segundo a qual o chamado de Jesus constitui a verdadeira libertação.

2.4 As crises coríntias (c. 53-57)

Convém considerar as epístolas aos coríntios em si mesmas, de tanto que as dificuldades da comunidade de Corinto lhe são próprias. Corinto, a mais ocidental fundação paulina, foi cara ao coração de Paulo; a vivacidade que ele expressa em suas cartas ilustra muito bem isso. É uma assembleia turbulenta, marcada pelo intelectualismo e por um recrutamento social heterogêneo. Corinto passou por uma série de crises que uma correspondência complexa esclarece; de fato, parece muito provável que a atual Segunda Epístola aos Coríntios seja na realidade composta de várias cartas conectadas.

2.4.1 A primeira crise de Corinto: 1Coríntios

Quando Paulo sai de Corinto, deixa para trás uma comunidade nova, mas vivaz, com a qual se mantém em ligação permanente. Três fatores levam à crise. Pelo que se deduz de sua correspondência com os coríntios, Paulo designou um sucessor na pessoa de Apolo. Seu sucesso em Corinto foi fulminante: mais filosófico do que Paulo e também melhor orador, ele agradava àqueles gregos habituados à retórica, de tal maneira que se formou em Corinto um "Partido de Apolo". Devem-se inventar grandes divergências teológicas entre "os de Paulo" e "os de Apolo"? Provavelmente não: Apolo nunca procurou manter-se à parte; trata-se antes de uma diferença de técnica de evangelização. Apolo, certamente por gosto e por cultura, não hesitava em usar todos os recursos da retórica grega ao contrário de Paulo. A essa primeira fratura justapõe-se uma divisão social: por ocasião do culto a condição social é levada em consideração. Por fim, os coríntios pareciam interpretar a mensagem evangélica de acordo com seus próprios cânones culturais. A liberdade cristã que Paulo lhes pregava – visto que Cristo veio salvar a humanidade, nenhuma outra obediência deveria ter importância – fora compreendida como uma incitação ao individualismo. Do mesmo modo, o chamado para um mundo novo era vivenciado com exaltação: numerosos fenômenos místicos, como o "falar em línguas", acontecem na comunidade.

Paulo recebe más notícias e mesmo um pedido de socorro para administrar a comunidade... Envia Timóteo, seu fiel ajudante, com uma carta, a atual Primeira Epístola aos Coríntios. Ela se compõe de duas partes: a primeira vilipendia diretamente as maquinações dentro da assembleia de Corinto, enquanto a segunda constrói uma espécie de "catálogo" de respostas às perguntas que os coríntios fazem a si mesmos.

Repreender a comunidade (1,10-6,20). No início da carta, dando ouvido apenas à indignação que o arrebatou ao receber os maus ecos da comunidade, Paulo adota uma estratégia que se revelará deplorável: a ironia. Zomba dos que seguiram Apolo, afirmando em alto e bom som que a fé não é assunto de sabedoria nem de retórica (1,19-25). Ridiculariza a pretensão dos gregos de quererem argumentar sobre tudo. A esse orgulho do intelecto contrapõe uma *teologia da Cruz*. A expressão imagética diz um novo modo de pensar o mistério de Deus: Ele elege de maneira definitiva o que não tem valor aos olhos dos homens. Assim é a loucura que se torna sabedoria, um crucificado que se torna Cristo, a fraqueza de Deus que se torna a sua força. Depois desse ataque, ele estigmatiza os escândalos que lhe foram relatados. Denuncia sucessivamente três motivos de vergonha para a comunidade de Corinto: o fato de um homem viver com a "mulher de seu pai" (provavelmente sua sogra, 5,1), o recurso aos tribunais gregos e o uso do *slogan* "tudo é lícito" para encobrir maquinações culpáveis.

Resposta às perguntas feitas (12,1-15,58). Nessa segunda parte, Paulo reage a indagações que lhe são dirigidas: no capítulo 7, ensina sobre a sexualidade; no capítulo 8, sobre o problema dos alimentos sacrificados aos deuses e depois vendidos como carne para consumo; no capítulo 9, responde aos ataques contra sua vocação; nos capítulos 10 e 11, às disparidades na comunidade; nos capítulos 12 a 14, às manifestações espirituais. Por fim, o capítulo 15 trata da questão da ressurreição de Cristo, fundamento da fé do cristão.

2.4.2 *Uma série de crises em Corinto: 2Coríntios*

Paulo julga que com sua epístola acalmou a comunidade, mas em Corinto os ânimos excitam-se. A carta desastrada que acaba de enviar não os coloca ao seu lado e a maioria dos coríntios parece disposta a ouvir outros evangelizadores. Pelo que podemos deduzir das indicações fornecidas pela

Segunda Epístola aos Coríntios e do que podemos extrair da Primeira Epístola, Paulo enviou Timóteo ao mesmo tempo que sua primeira missiva, ou talvez um pouco antes, para testar sua própria popularidade (1Coríntios 4,14-21). Mas os membros da assembleia não o deixaram feliz (2Coríntios 7,12). Por isso, o Apóstolo enviou uma carta levada por Tito. Este, mais diplomático, estava investido da missão de fazer os coríntios voltarem ao regaço das comunidades paulinas.

A carta que ele portou era integralmente a atual Segunda Epístola aos Coríntios? Desde muito tempo, a maioria dos exegetas tem respondido negativamente: coexistem nessa Epístola excessivas disparidades de tom e de temas, e o argumento dos saltos de humor de Paulo durante a redação não se sustenta mais. Os sete primeiros capítulos têm um tom muito diferente do final da carta. Além disso, os capítulos 8 e 9 coincidem parcialmente e parecem formar por si sós uma unidade: dois recados distintos, ou duas versões do mesmo recado, incitando à coleta para os pobres de Jerusalém. Assim, a Segunda Epístola aos Coríntios se mostra composta de várias subepístolas: Primeira: 2Coríntios 8; Segunda: 2Coríntios 9; Terceira: 2Coríntios 1-7; Quarta: 2Coríntios 10-13. Considerando o tom adotado na terceira, provavelmente se trata da carta levada por Tito.

(A) *Paulo magoado: a carta lacrimosa* (10-13). Desejando assumir o comando, os "intrusos" conseguiram convencer alguns membros da comunidade de que seus dons apostólicos são muito superiores aos de Paulo, e parece que o envio da Primeira Epístola aos Coríntios não resolveu a situação. Paulo sente-se mergulhado em amargura. A carta que escreve transborda de sarcasmos e sofrimento. Estão ridicularizando-o? Pois bem, ele irá se justificar! Os três primeiros capítulos são uma apologia pessoal. Neles expressa sua própria autoridade, que não deve ser confundida com sua mansidão aparente. 2Coríntios 13 manifesta a esperança de que as incompreensões mútuas logo terão fim.

(B) *Uma carta para acalmar os ânimos* (1-7). A "carta com muitas lágrimas" parece ter alcançado seu objetivo: a situação acalma-se. Na primeira parte da atual Segunda Epístola, Paulo emprega um tom pacífico: precisa apenas defender-se contra uma acusação, afetuosa, na verdade: a de haver prometido ir e não ter cumprido. Responde com calma, percorrendo o fio da crise: o único motivo de sua "dissimulação" foi a delicadeza. Não queria intervir diretamente. Pondo em prática as exortações que fazia em suas epístolas anteriores, chega a recomendar brandura para com um dos agitadores de Corinto: já foi suficientemente punido ao ver-se desacreditado em público. Conhecedor agora da suscetibilidade dos coríntios, Paulo escreve uma carta extremamente diplomática, com expressões cuidadosamente pensadas e escolhidas. Num capítulo que se torna complexo pelo uso de termos copiados dos "espirituais", ele tenta mostrar-lhes que o retorno a Moisés, como os apóstolos rivais de Paulo queriam, é uma iniciativa absurda. No livro do Êxodo é dito que Moisés, o intermediário por excelência de Deus, cobria o rosto com um véu para não ferir os olhos de seus irmãos israelitas com o esplendor de sua face, proveniente da presença do Senhor na montanha: Paulo interpreta a passagem (com certa liberdade), afirmando que esse véu se destinava tão somente a ocultar o desaparecimento de tal esplendor. E, para o Apóstolo, esse velamento se estende a todos os livros mosaicos:

o véu torna-se o da leitura das Escrituras. Uma vez operada a distinção entre os dois partidos, ele pode avaliar o conflito por seu valor justo: tudo é simplesmente uma questão de pessoas! Partindo disso, faz sua própria apologia, explicando sua missão apostólica e justificando sua conduta em Corinto. Centraliza essas alegações *pro domo* na teologia da Cruz. Ele próprio não passa de um receptáculo indigno, de um vaso de barro: todo seu comportamento, suas repreensões, seus atos foram-lhe inspirados por Cristo, como se este vivesse nele, um pobre intermediário. Por fim, numa exortação final, encerra exaltando a afeição que o une aos coríntios.

(C) *Dois recados para realizar a coleta.* Os capítulos 8 e 9 apresentam duas mensagens de circunstância enviadas por Paulo às comunidades de Acaia (a região de Corinto) para organizarem um peditório em favor da comunidade de Jerusalém, mais pobre que as da Grécia. Indicam a complexidade da atitude de Paulo com relação a Jerusalém, com a qual pretende manter uma forma de comunhão, apesar das oposições a sua missão.

2.5 Paulo teólogo: a Epístola aos Romanos (c. 57)

Habituado à estratégia de avançar com rapidez em vez de consolidar pacientemente as posições conquistadas, Paulo decide abrir novos campos para sua pregação, indo a Roma e depois à Espanha. Para preparar sua chegada à capital do Império, envia uma carta à Assembleia de Roma enquanto está em Corinto, no inverno de 56-57. Tem três objetivos:

- Apresentar sua doutrina a uma comunidade da qual espera assistência;

- Resolver um conflito interno na comunidade de Roma (cf. capítulos 14 e 15) entre "fortes" que recusam certas prescrições da Lei e "fracos" que se inquietam com isso;
- Promover a coleta financeira em favor da comunidade de Jerusalém (cf. capítulo 16).

Para isso é possível que utilize uma *carta circular* que já enviara a outras comunidades, ou então que mais tarde a epístola tenha servido de carta circular. Isso porque a passagem coloca vários problemas textuais. Enquanto todos os manuscritos coincidem quanto aos 14 primeiros capítulos, os versículos 1 a 33 do capítulo 15 às vezes são precedidos de uma doxologia e seguidos de um "amém", como se a carta terminasse ali; e também às vezes a localização do capítulo 16 difere: ele parece acrescentado posteriormente. Ademais, esse capítulo 16 apresenta uma interminável lista de saudações muito inabituais em Paulo, principalmente se lembrarmos que o Apóstolo não conhecia a comunidade de Roma. Por fim, entre os que ele saúda longamente figuram Priscila, Áquila e Epêneto, que pertenciam à comunidade de Éfeso: talvez a carta tenha servido também para Éfeso.

Apresentar a Epístola aos Romanos, que se tornou tão importante desde Lutero – ele a utilizou como pedra angular de sua reforma –, excede as dimensões deste livro; daremos um simples guia de leitura.

2.5.1 *O Evangelho de Paulo (1,16-8,39)*

Essa primeira parte resume a concepção paulina da salvação.

Constatação: todos os homens pecaram (1,18-3,20). Paulo começa fazendo um "balanço" da condição humana, mostrando que Deus, se seguisse a Lei, deveria condenar todo homem, subordinado ou não à Lei: o não judeu não glorifica Deus e desonrou seu corpo e seu espírito; o judeu tem o coração empedernido (1,18-2,16); apesar da Lei, não há privilégio para o judeu que não puder respeitá-la (2,17-3,8); judeus e gregos estão sob o poder do pecado (3,9-20). Portanto, o homem está duplamente ameaçado: a natureza humana é corrupta; todos os homens são culpados de pecado e devem ser submetidos ao julgamento de Deus. A sequência mostra que Deus afasta essas duas ameaças.

Solução para a situação de pecado: todos os homens são salvos pela fé em Cristo (3,21-5,21). Para tirar o homem do pecado que o levaria à morte, Deus enviou Jesus (3,21-26); portanto, só importa a fé nele e, como prova a história de Abraão (cf. Gálatas), basta tão somente a fé. Portanto, os homens devem reconciliar-se com Deus, pois graças a Jesus eles já estão perdoados (5,1-11): devem comportar-se como homens novos, seguindo Cristo, Novo Adão (5,12-21).

Solução para a corrupção da natureza humana: batismo e vida no Espírito (6,1-8,39). Deus não se contenta em perdoar uma vez os homens, de modo que eles poderiam pecar de novo: absolve-os definitivamente, graças ao batismo e ao dom de seu espírito. O batismo simboliza a participação na morte, no sepultamento e na ressurreição de Cristo: pelo batismo, morremos para o pecado e renascemos para Deus, livres (6,1-23). Visto que o homem morre para seu estado inicial, a Lei que o regia não é mais válida (7,1-6); mais ainda: boa em si, ela pode tornar-se perniciosa quando incentiva ao pecado (7,7-25). Portanto, ele deve colocar-se sob o domínio do Espírito de Deus, e não sob o da carne, a fim de participar da glória divina (8,1-30).

2.5.2 A nova Israel (9,1-11,36)

O enunciado do Evangelho de Paulo suscita uma dificuldade: por que os judeus, em sua maioria, não creem em Jesus? Teria Deus abandonado Israel? Paulo responde em três partes:

Deus nunca é infiel a sua misericórdia (9,6-29). *Mas Israel se recusou a ouvir o chamado de Deus* (9,30-10,21). O fato é paradoxal: ao perseguir sua esperança de salvação, Israel ignorou a vontade de Deus (9,30-10,4). Entretanto, pelas Escrituras, Deus havia anunciado que privilegiaria a fé (10,5-13) e, no presente, enviou seus apóstolos (10,14-21).

Deus, entretanto, salvará toda Israel (11,1-32). Um "resto" extraído de Israel aceitou a fé (11,1-10); a incredulidade de Israel não foi desejada por Deus para que essa desapareça; e sim, para que eles se voltem para os gregos (11,11-16); Israel voltará a ser vigorosa como uma oliveira que foi desbastada para receber um enxerto – os não judeus – que a reforce (11,17-24).

Assim, Paulo pôde concluir com uma meditação sobre o mistério da conversão de Israel (11,25-32) e um cântico de adoração a Deus (11,33-36).

2.5.3 Instruções para uma comunidade nova (12,1-15,13)

Depois dessa passagem teórica, Paulo propõe algumas práticas conforme a nova vida que o batismo permite.

Regras para a vida interior da comunidade (12,1-16). O ideal do cristão é oferecer-se a Deus (12,1-2); portanto, cada qual deve participar da comunidade de acordo com suas aptidões (12,3-8), praticando a caridade mútua (12,9-16).

A comunidade e os de fora (12,16-13,14). A caridade deve estender-se também aos não cristãos (12,16-21); é necessário respeitar os poderes civis (13,1-7) e praticar continuamente a caridade (13,8-14).

Solução para o problema dos fortes e dos fracos (14,1-15,13). Para que "fortes" e "fracos" possam coabitar é preciso que ninguém julgue o outro (14,1-12), que ninguém seja causa da queda de outrem (14,13-15,6) e cada qual aceite o outro como Cristo aceitou todos os homens (15,7-13).

2.5.4 Conclusões (15,14-16,27)

As últimas linhas da carta reúnem vários trechos. Considerações sobre o *ministério de Paulo* (15,14-21) e seus *projetos de viagem* (15,22-33); uma primeira série de recomendações e saudações (16,1-20) e uma segunda série de saudações dirigidas a colaboradores de Roma (16,21-23); uma *doxologia* (16,25-27).

Para Paulo nada acontece como ele previra. Antes de ir a Roma, faz uma parada em Jerusalém para deixar ali o fruto da coleta que fez em suas comunidades em favor das comunidades da Judeia. Denunciado como agitador por uma facção hostil à sua pessoa, é preso pelos romanos, por volta dos anos 58-59. Fica encarcerado e é levado para Roma alguns anos depois, segundo os Atos dos Apóstolos. Morre lá imediatamente, por volta do ano 62? Consegue ser libertado, partir para a Espanha e retornar a Roma entre os anos 64 e 68, para lá morrer como mártir, como afirma a tradição relatada por Eusébio de Cesareia (*História eclesiástica*, II, 25)?

Parte II
A Era Subapostólica

Os anos 60-70 mergulham as comunidades cristãs na desordem, bem como, aliás, o judaísmo, mas por razões sensivelmente diferentes. De fato, dois elementos concomitantes vêm abalar-lhes o equilíbrio: a morte da maioria dos primeiros discípulos e a repressão pelos romanos das revoltas da Judeia, culminando no ano 70 com a tomada do Templo por Tito, o que inclui um grande número de judeus cristãos.

Desde o início do século, sucede-se uma série de procuradores ou de governadores inábeis e desonestos que exasperam os habitantes da Judeia e amplificam a agitação. As rebeliões multiplicam-se, as repressões também, a ponto de a partir do ano 66 desencadear-se uma insurreição geral que depois foi chamada de "a Guerra dos Judeus". O General Vespasiano domina a revolta até 69 e depois, proclamado imperador, deixa a seu filho Tito o encargo de tomar Jerusalém. O incêndio do Templo que então acontece (e que não parece ter sido intenção dos romanos) marca as mentes.

Não se sabe exatamente quais foram as consequências diretas do acontecimento sobre as diversas tendências do judaísmo (do qual os cristãos ainda faziam parte). Os relatos de uma reconstituição da comunidade farisaica em Yavne e da comunidade cristã em Pella (uma cidade do outro lado do Rio Jordão, na atual Jordânia) são muito tardios, e trabalhos recentes mostram que a queda do Templo não foi vivenciada por todo o judaísmo como a catástrofe radical que era descrita antigamente. Para as comunidades cristãs, porém, é indiscutível que Jerusalém perdeu seu papel preeminente. O centro de gravidade do cristianismo deslocou-se para as regiões sírias (e principalmente Antioquia), para a Ásia Menor, a Grécia e a Itália. Parece que surgiram tensões com os fariseus pelo controle das sinagogas, mas não foram gerais.

Derradeira consequência dessa época conturbada, o desaparecimento das grandes figuras da primeira geração: Tiago morre apedrejado no ano 62, Paulo entre 62 e 68, Pedro mártir por volta de 64-68. Esses desaparecimentos constituem bem mais que uma sucessão hierárquica. Durante muito tempo, as comunidades cristãs acreditaram na volta próxima de Cristo e hesitaram em instalar-se permanentemente. Com a morte dos apóstolos essa expectativa fracassou e uma nova concepção do tempo cristão emergiu: a espera revelava-se mais longa que o previsto e a memória dos ensinamentos da primeira geração tinha obrigatoriamente de ser conservada.

Seja para perpetuar a lembrança apostólica ou para definir a fé ante as outras tendências do judaísmo, um grande número de escritos cristãos surgiu após os traumas dos anos 60-70.

3
O Evangelho de Marcos

Diz a tradição que a redação do Evangelho de Marcos se insere no processo de conservação da memória que dominou o cristianismo na época da morte dos apóstolos. Segundo Pápias de Hierápolis (c. século II), Marcos teria sido secretário de Pedro e talvez o João Marcos que acompanhava Paulo e Barnabé em sua turnê missionária; e escrevera suas lembranças dos ensinamentos de seu mestre para edificação dos novos cristãos. Ao saber disso, Pedro teria aprovado o projeto. Verdadeira ou falsa, essa tradição reflete bem o programa memorial do Evangelho e condiz relativamente bem com o que podemos extrair da análise do texto, que provavelmente surgiu em torno dos anos 70 (um pouco antes ou um pouco depois). Recorre a um conjunto de tradições "pré-marcianas" – postas em forma escrita, segundo alguns eruditos –, entre as quais um relato da Paixão e uma compilação de milagres. Trata-se de uma obra destinada a uma comunidade alheia ao judaísmo palestino, como podia ser a de Roma: explica os usos judaicos (7,3-4; 14,12; 15,42) e traduz as expressões aramaicas (3,17; 5,4; 7,11-34; 9,43; 10,46;

14,36; 15,22-34). Texto popular, escrito num grego rudimentar, fortemente marcado pela oralidade, reproduz bem a cor local e manifesta um gosto evidente pela narração. As primeiras palavras: "Início do Evangelho de Jesus Cristo, Filho de Deus" indicam seu propósito: trata-se do Evangelho, e do Evangelho do Filho de Deus.

3.1 Evangelho, um novo tipo de texto

Antes de analisar o texto atribuído a Marcos, é preciso compreender o que é o Evangelho, esse gênero literário próprio do cristianismo, e para isso lembrar o que constituía a especificidade das comunidades cristãs dentro do judaísmo de então: a convicção de que a promessa da intervenção de Deus por seu povo, feita aos patriarcas e retomada pelos profetas, estava se realizando. Portanto, os cristãos tinham uma notícia para anunciar, uma boa nova: é esse, lembramos o sentido da palavra grega *euangélion*.

Talvez por influência dos primeiros versículos de Marcos, já no século II, o nome que descrevia o conteúdo do livro – o relato do anúncio dessa boa nova – acabou designando o livro em si. Esse deslocamento mostra a dificuldade de definir o gênero evangélico.

3.1.1 O Evangelho como imitação das biografias greco-romanas

Como algumas biografias greco-romanas – pensemos em *Vidas paralelas*, de Plutarco (c. 50-125) ou em *Vidas e doutrinas dos filósofos ilustres*, de Diógenes Laércio (século III) –, os evangelhos traçam o retrato de um homem apresentado de maneira elogiosa em suas origens, suas ações, suas palavras, sua morte. Essas biografias demonstram a concepção antiga da história, mais preocupada com edificação e coerência do que com exatidão cronológica.

3.1.2 O Evangelho como imitação dos livros proféticos

Outro paralelo pode ser traçado, entre os evangelhos e alguns livros de profetas, como o de Jeremias. De fato, já há nesse livro um relato de vocação (1,4-10), a repetição das palavras e dos atos proféticos de Jeremias, seus avisos, bem como uma espécie de narrativa da paixão (Jeremias 26,37-38).

3.1.3 O Evangelho como querigma

Se o Evangelho é uma narrativa, é uma *narrativa teológica* cujos elementos são todos montados para provar a identidade soberana de Jesus, esclarecer seus ensinamentos sobre a vinda do Reino de Deus etc. Assim, todos os atos podem receber uma interpretação teológica: o prodígio das bodas de Caná em João explica a espera por Israel da manifestação do messias, os relatos de milagres ilustram a fala profética anunciando que a vinda do messias será acompanhada de curas etc. Essa especificidade "querigmática" (que condensa o essencial da fé) torna extremamente difícil o uso dos evangelhos como crônicas históricas, visto que os fatos podem ser reorganizados, interpretados, excluídos, em função do intuito teológico que dirigiu a construção da narrativa.

3.1.4 O Evangelho como gênero que contém subgêneros

Uma das particularidades do gênero evangélico é poder acolher em si outros gêneros, ser uma espécie de "supergênero". Assim, podemos identificar numerosas categorias.

Relatos: relatos de milagres, fala encenada por um relato (por exemplo, Marcos 10,13: "deixai vir a mim as crianças") ilustrado por uma anedota, relatos de controvérsias com as autoridades, relatos da Paixão.

Discursos: parábola (explicitação de uma fala teológica por meio de uma narrativa ou uma comparação), máximas, predições, sermões.

3.1.5 O Evangelho como testemunho

O Evangelho, por fim, é concebido como o depoimento de um grupo que pretende rememorar as lembranças dos que conheceram Jesus, mas também autentificar as crenças, a compreensão e a fé da comunidade. Como todo testemunho, pressupõe uma atitude de simpatia da parte de quem o acolhe: para recebê-lo é preciso aderir pelo menos parcialmente ao que ele diz. Isso não exclui uma certa verificabilidade, inclusive histórica: o testemunho fundamenta-se numa experiência inserida na história, confirmada por uma tradição. Essa função de atestação explica o *status* complexo que os evangelhos ocupam: podem ser submetidos à crítica histórica, mas não podem ser reduzidos a um simples documento histórico. Sem empatia o leitor não poderia compreender o sentido que esses livros podem assumir para os cristãos.

3.2 O Evangelho do Filho de Deus

O Evangelho de Marcos é o primeiro a fazer a ligação entre Reino de Deus e divindade de Jesus. Para ele tudo parte de uma evidência no âmbito da fé: Deus decide intervir no mundo porque envia seu filho único; por sua própria vida,

Jesus ilustra o desígnio de Deus. Sem dúvida, essa é a razão pela qual Marcos "inaugura" o gênero evangélico: os atos de Jesus possuem inerentemente um cunho teológico e sua vida prova que ele é o Filho de Deus.

3.2.1 O plano do Evangelho: revelação da divindade de Jesus

Prólogo no Jordão (1,1-13). Já na abertura, Marcos esclarece seu leitor: declara imediatamente que Jesus é o Filho de Deus e João, que o batiza, atesta isso.

Resistências à natureza messiânica (1,14-8,27). Em seus passos iniciais na Galileia (1,14-45), Jesus anuncia a vinda do Reino de Deus, mas os obstáculos acumulam-se: ele entra em conflito com os escribas e os fariseus (2,1-3,6) e precisa afastar-se (3,7-35). Principia então outras maneiras de pregar: por meio de parábolas (4,31-34), de milagres (44,35-5,43), de outras pregações (6,1-13); mas, não importa o que pergunte ou faça, seus discípulos ainda não conseguem reconhecer sua identidade (6,14-8,26).

Primeira confissão de fé: a confissão de Pedro (8,27-30).

Resistências ao sofrimento messiânico (8,31-10,52). Os discípulos parecem intuir em Jesus o messias anunciado, mas não compreendem bem que esse messias seja um messias sofredor. Entretanto, Jesus prediz suas provações futuras (8,31-10,51) e até mesmo se revela transfigurado (9,2-8).

A subida para Jerusalém e a Última Ceia (11-14). Jesus deixa a Galileia e parte para Jerusalém (11,1-12,44), onde começa a cumprir seu destino e conclui suas ações com um discurso escatológico (Pd 13) e uma celebração da Páscoa (Pd 14) vivenciada como um testamento.

Jesus cumpre sua missão de messias sofredor e ressuscitado (14,43-16,8). Encerra-se com uma segunda confissão de fé – a do centurião (15,39) – e com o relato da descoberta do túmulo aberto (16,1-8).

3.2.2 Um Evangelho que expressa os paradoxos da pessoa de Jesus

Ao longo de seu Evangelho, Marcos dá a Jesus uma série de figuras justapostas que mostram a complexidade de sua identidade.

Uma figura profética: como um profeta, Jesus é descrito sob a tríplice figura de doutor da lei que prega às multidões, de profeta escatológico que anuncia os últimos tempos e de fazedor de milagres.

Uma figura messiânica: profeta, Jesus também é apresentado como o Messias, Filho de Deus, mas três elementos novos embaralham essa figura:

(1) O segredo messiânico: quando é reconhecido pelos demônios e pelos doentes curados, Jesus impõe-lhes o silêncio, como faz, na segunda parte, aos espectadores da ressurreição da filha de Jairo (5,43) ou às testemunhas da Transfiguração (9,9);

(2) Um messias sofredor: entre os primeiros profetas, o Messias era supostamente o rei vitorioso dos exércitos de Israel, e é preciso esperar o Segundo Isaías para que se esboce a figura de um messias sofredor, uma figura que os discípulos não compreendem;

(3) O Messias que vem: em todos os discursos escatológicos, Jesus anuncia seu retorno próximo para concluir a vinda do Reino de Deus. Essa promessa de retorno alimentará todas as meditações apocalípticas do cristianismo.

3.2.3 Um enigma exegético: o final de Marcos (16,9-20)

Os últimos versículos do texto de Marcos reproduzidos na maioria das bíblias que relatam aparições de Jesus ressuscitado suscitam um problema: não estão presentes em todos os manuscritos e alguns testemunhos apresentam versões muito diferentes. Seguindo Orígenes, Eusébio de Cesareia já assinala em suas *Questões evangélicas* que os melhores manuscritos não continham os versículos de 9 a 20. A maioria dos exegetas considera que originariamente esse final não existia na obra de Marcos e que foi acrescentado no século II para atenuar o caráter abrupto do desfecho inicialmente previsto pelo autor.

4
Os escritos dos cristãos de origem judaica

Com as conturbações dos anos 60-70, as comunidades cristãs de origem judaica viam-se numa situação complexa. De fato, lutavam em várias frentes. De um lado, era preciso convencer os judeus não cristãos de que o messias viera na pessoa de Jesus. Com isso, entravam em concorrência com outras tendências do judaísmo: a insistência que se observa nos textos em distinguirem-se dos fariseus leva a supor que em certos lugares a concorrência com essa tendência pode ter sido acirrada; mas Hebreus mostra também que eles precisaram definir-se com relação ao culto do Templo. De outro lado, precisavam situar-se dentro das outras comunidades cristãs, particularmente diante dos que pretendiam abandonar uma grande parte da herança judaica.

4.1 Definir-se com relação ao judaísmo sacerdotal: o texto de Hebreus

O primeiro escrito dessa segunda geração cristã é o texto de Hebreus, cujo autor diz explicitamente que faz parte daqueles que foram evangelizados pelos apóstolos (2,3). Como dizia brincando um exegeta, a "Epístola de Paulo aos Hebreus" não é uma epístola, não é de Paulo e nunca foi dirigida a "hebreus". Trata-se mais da retranscrição de um sermão ao qual é juntada uma carta de acompanhamento (Hb 13), pronunciado por um cristão antes da queda do Templo (ou imediatamente depois, num período em que sua reconstrução ainda era concebível) – alguns manuscritos atribuem-no a Timóteo e Barnabé ou a Clemente de Roma – e dirigido a cristãos também separados do judaísmo; a Peshitta, a versão siríaca do Novo Testamento, diz inclusive que eles estão na Itália. Sua canonicidade foi questionada durante muito tempo, e só tardiamente ela foi atribuída a Paulo: não figura nas compilações paulinas antigas e o teólogo Orígenes (c. 185-254) não a atribui a Paulo.

Apesar das numerosas dificuldades de interpretação, Hebreus tem um papel central no Novo Testamento, porque pensa a Nova Aliança iniciada por Cristo na continuidade das diversas alianças feitas por Deus com o povo judeu, ao mesmo tempo que enfatiza seu caráter definitivo. Portanto, não procura definir um cristianismo em contraposição ao judaísmo, como às vezes se julgou, e sim ao contrário, explica como os judeus devem aderir à messianidade de Jesus e renunciar ao culto do Templo. Nesse ponto, conflui com as críticas que outras tendências judaicas (os essênios, por exemplo) faziam a um judaísmo sacerdotal centrado nos sacrifícios feitos no Templo de Jerusalém.

Sua argumentação, portanto, consiste em retomar as figuras de autoridade das diversas alianças anteriores, para mostrar que são sobrepujadas por Jesus, figura de autoridade da Nova Aliança.

4.1.1 Superioridade da revelação

Cristo é superior aos profetas (1,1-3). *Cristo é superior aos anjos* (1,3-2,18), que deram a Lei a Moisés, pois preside acima deles (1,1-14) e foi exaltado à posição de sumo sacerdote (2,5-18). *Cristo é superior a Moisés* (3,1-6), enquanto Moisés é apenas um servidor de Deus, Jesus é o Filho de Deus. Em resumo, *a Nova Aliança em Jesus é superior à Antiga* (8,6-13).

4.1.2 Superioridade do culto

Jesus é o sumo sacerdote por excelência (4,14-7,13). Jesus, como Melquisedec, foi elevado à posição de sumo sacerdote, mas transcende-a, pois, em vez de usufruir transitoriamente dessa dignidade, é sumo sacerdote para sempre.

O sacrifício de Jesus sobrepuja o do Templo (8,1-10,18). Jesus é simultaneamente o sumo sacerdote, a vítima (pois se sacrificou), o sacrifício e o Templo. Seu sacrifício prevalece sobre o do Templo: ele é o sumo sacerdote inigualável, oferece não sangue de carneiro, e sim seu próprio sangue. O tabernáculo dos judeus é somente a cópia terrena do santuário celeste onde se realiza sua oblação a Deus; e, principalmente, o sacrifício crístico não deve ser renovado: é válido uma vez por todas.

4.1.3 Necessidade da confiança em Jesus

Por oposição à confiança nos sacrifícios para obter a salvação, o autor insiste na fé em Jesus, que deve ser a consequência imperativa da excelência do sacrifício. Indica a obrigação de tornar-se o "restinho" que continua a acreditar em Deus (3,7-4,13), na importância de não vacilar na fé, pois não haverá remissão para os que abandonarem Jesus (5,11-6,20), na exigência de uma vida de perseverança em imitar Jesus e da conduta que a acompanha (10,19-13,25). Deixar Cristo depois de conhecê-lo seria para o autor a pior das soluções. Às vezes suas fórmulas são de um rigorismo extremo, que só pode explicar-se pela vontade de convencer uma comunidade tentada a voltar para o culto do Templo.

4.2 Promover um cristianismo impregnado de judaísmo: a Epístola de Tiago

Tradicionalmente atribuída a Tiago "irmão" de Jesus, a Epístola de Tiago foi datada dos anos 80, mas poderia muito bem remontar aos anos 60-70. Tem a forma convencional de uma "carta encíclica" e ao mesmo tempo manifesta uma proximidade muito grande com o estilo da literatura sapiencial, principalmente por seu gosto pelo aforismo, e também pela *diatribe*, esse estilo retórico que aprecia imagens e fórmulas contundentes, apelos ao auditório. Foi redigida por um cristão de origem judaica, como demonstram as citações do Antigo Testamento, escritos sapienciais, jurisprudência judaica (cf. Tg 2,10). Pouco usada até o século III, essa epístola foi aceita no século IV após longos debates. Ela desenvolve o posicionamento de cristãos de origem judaica ligados à Lei.

4.2.1 *Crítica aos excessos de certas comunidades*

A epístola repudia os descomedimentos de algumas assembleias da Diáspora.

Igrejas voltadas para os abastados: como na comunidade paulina de Corinto, que o próprio Paulo desaprovava, Tiago vilipendia os que dão espaço excessivo para os ricos e oprimem os pobres (2,1-9).

Primado da fé sobre as obras levando a licenças culpáveis: Tiago repreende aqui os que partem de uma fórmula tirada de seu contexto, "a fé prevalece sobre as obras", para entregarem-se a uma espécie de relaxamento do comportamento.

Pregações feitas sem discernimento: contrariando o hábito da Sinagoga e certamente seguindo as práticas carismáticas que o próprio Paulo condena em 1Coríntios, os membros dessa assembleia pregam ao sabor da inspiração, o que leva a desregramentos que Tiago proscreve.

4.2.2 Um valioso testemunho das comunidades de origem judaica

Tiago reage a esses descaminhos lembrando os princípios judaicos.

Uma visão tradicional da fé. Ele define a fé rememorando a crença no monoteísmo (2,19), presente no *Shemá Israel* ("Ouve, Israel!", Dt 6,4).

A salvação pela Lei. Ao contrário de Paulo, que parecia abandonar a Lei, Tiago lembra a sua primazia e particularmente a prática do que denomina "a lei mais importante": amar o próximo como a ti mesmo. Argumenta que, sem as obras da Lei, a fé está morta (2,14-26). A definição desse "grande princípio" (*klal gadol*) insere-se totalmente na tradição e se encontrará também no judaísmo rabínico.

4.3 Defender a inserção do movimento cristão no judaísmo: o Evangelho de Mateus

O Evangelho de Mateus encarna as preocupações dos cristãos de origem judaica que estavam em concorrência com outras tendências do judaísmo: anunciar o messianismo cristão e, portanto, provar que Jesus cumpre as promessas feitas ao povo judeu ao longo de sua história. Pretende apresentar o movimento cristão como um contraponto do judaísmo farisaico ou rabínico, mas principalmente do judaísmo das sinagogas, que estava se reorganizando. Mostra assim seu conhecimento das Escrituras e do judaísmo farisaico, ao mesmo tempo que atesta uma real abertura para os não judeus e descreve várias vezes Jesus em conflito com os fariseus.

Redigido provavelmente depois do ano 70 e publicado em sua versão definitiva nos anos 80, visto que faz alusões ao incêndio de Jerusalém no ano 70 (Mateus 22,7; 23,35-36), esse Evangelho talvez constitua a reescrita de um primeiro texto em aramaico mencionado por Pápias de Hierápolis (segunda metade do século II), citado por Eusébio de Cesareia em *História eclesiástica* (III, 19), e que afloraria em certas construções de estilo, repetições, paralelismos, inclusões, agrupamentos numéricos. Como frequentemente, é provável que o atual Evangelho de Mateus resulte de uma série de reescritas das quais conhecemos apenas a versão final. Não é possível identificar com exatidão a comunidade destinatária – Antioquia ou outra cidade da Síria-Palestina? –, mas é razoável estimar que se trate de uma comunidade judaica que se abrira para os não judeus.

4.3.1 Uma demonstração em três pontos

Para convencer as comunidades judaicas a aderirem ao messianismo cristão o redator do Evangelho relê a história de Jesus, enfatizando três pontos:

- *Jesus é o Messias*: por sua genealogia, que o liga a Davi (1,1-17), pelos eventos fabulosos que cercam seu nascimento (1,17-2-23), pela série de citações do Antigo Testamento destinadas a provar que com seus atos e palavras Jesus cumpre as escrituras, o Evangelho mostra que Jesus é realmente o Messias que o povo de Israel aguarda.

- *A lei judaica prolonga-se num "agir cristão" que se caracteriza pela fórmula "seguir Jesus"*: ao cumprir as Escrituras – podemos identificar um grande número de casos em que o texto afirma que um determinado ato de Jesus foi feito para cumprir um oráculo profético –, Jesus cumpre igualmente a Lei judaica (5,17). Daí em diante, "seguir Jesus", ou seja, inspirar-se em seu comportamento e em sua interpretação da Lei, faz função de Lei. De certo modo, Jesus apresenta-se como a Lei encarnada que é preciso imitar.

- *A comunidade cristã, que assume o lugar do povo eleito, prepara o Reino de Deus e cumpre a aliança*: o Evangelho de Mateus é ao mesmo tempo o Evangelho "comunitário" e o Evangelho do "Reino de Deus"; Jesus anuncia em sua pregação a vinda do "Reino de Deus", ou seja, do governo direto da Terra por Deus. Deus age resolutamente aqui no mundo, declara Jesus, e o lugar próprio dessa intervenção é a comunidade (*ekklesia*, em grego) dos que "seguem Jesus". A comunidade fundada por Jesus é a nova forma do povo eleito, do *Verus Israel*.

4.3.2 Um plano que fundamenta essa demonstração

Prólogo (1-2): por sua genealogia, seu nascimento e seu confronto com Herodes, o rei indigno, Jesus tem todas as características do Messias régio.

Cinco sequências narrativas que enunciam e ilustram a mensagem de Jesus (3-25):

(1) O ministério de Jesus (3-4);

(2) O prosseguimento do ministério de Jesus (8,1-9,34);

(3) A atividade missionária dos apóstolos indo dos judeus aos gentios (11,2-12,50);

(4) Os sinais do Reino (13,54-17,27), que são andar sobre a água, os sinais dos tempos, a bênção de Pedro, a moeda de quatro dracmas na boca do peixe;

(5) A subida a Jerusalém (19-23).

A Paixão, a Ressurreição e o aparecimento do Ressuscitado, que envia em missão (26-28): essa sequência cumpre a predição de um Messias sofredor e funda a missão universal da comunidade de cristãos.

4.3.3 Cinco grandes discursos que contêm o essencial da mensagem de Jesus

Ao contrário dos outros evangelhos sinópticos, que distribuem os ensinamentos ao longo de todo o texto, Mateus tende a agrupá-los. Cinco grandes discursos ritmam a narrativa:

(1) *O Sermão da Montanha* (5-7) mostra como a atitude de respeito filial para com Deus deve estruturar igualmente as relações entre os homens. Destacam-se nesse discurso as famosas "bem-aventuranças" (5,3-16), uma apologia da mansidão, da humildade e da pobreza;

(2) *Discurso de envio em missão* (9,35-11,1). Jesus insiste na necessidade de apostolado e nas características do bom enviado;

(3) *Discurso em parábolas* (13): com uma série de parábolas Jesus traça os contornos do Reino de Deus;

(4) *Discurso comunitário* (18), em que Jesus dá as regras a serem aplicadas na comunidade cristã;

(5) *Discurso sobre o Filho do Homem* (24-25). Amplo anúncio profético da Queda de Jerusalém e do retorno de Jesus à Terra como Filho do Homem, que de seu trono presidirá o Juízo Final. A expressão "Filho do Homem", que originariamente designava um simples ser humano, deve ser entendida aqui em sua acepção messiânica conhecida já no livro de Daniel: "Filho do Homem" é um dos nomes do Messias divino.

5
O despertar das comunidades paulinas

Enquanto Paulo termina sua existência de maneira um tanto obscura, as conturbações dos anos 70-80 deixam um espaço para as comunidades que ele fundou. Privadas da hegemonia de Jerusalém, as igrejas cristãs buscam um novo equilíbrio: a via paulina de abertura para os gregos torna-se então uma alternativa promissora, muito mais possível do que na época da morte de Paulo. Aproveitando esse novo alento, os herdeiros do Apóstolo produzem uma série de escritos que ilustram e prolongam o pensamento dele.

5.1 Prosseguir a teologia de Paulo: Colossenses e Efésios

5.1.1 *O problema da pseudoepigrafia no Novo Testamento*
Com Colossenses e Efésios reencontramos uma dificuldade que havia sido mencionada a respeito de 2Tessaloni-

censes: a questão da pseudoepigrafia, que não é a atribuição posterior a um autor presumível, como para os evangelhos ou as epístolas de João, e sim o fato de escrever sob o nome de outrem. Tratava-se de uma *prática antiga e corrente* tanto no judaísmo como no paganismo: encontramos cartas publicadas tanto sob o nome de Sócrates quanto de Moisés, tanto apocalipses de Henoc quanto "falsos" escritos de Platão. Para compreender essa prática parece que é preciso *abandonar toda uma série de explicações antigas*, como a ideia de que os antigos não tinham a noção de propriedade intelectual, ou a crença de que todos os autores se consideravam "inspirados" pelo grande homem a ponto de seus escritos serem ditados por ele. Porém, o mais verossímil é que os sucessores tinham a intenção de *prolongar a obra do Apóstolo*, atualizando seu pensamento em função de um contexto novo.

5.1.2 A Epístola aos Colossenses

Quanto mais este livro é reeditado, mais o autor destas linhas hesita em manter o caráter pseudoepigráfico de tal epístola, que parecia indiscutível por ocasião da primeira edição [francesa]. Os argumentos tradicionais, a partir de 1838, em favor de sua inautenticidade (o estilo e a teologia), parecem cada vez mais frágeis. Talvez somente a postura epistolar de seu autor ainda permita pronunciar-se por um escrito posterior à morte de Paulo: contrariando o costume do apóstolo, que é plenamente engajado na comunicação, o "Paulo" que se expressa aqui é evanescente, como se já houvesse desaparecido. Destinada aos cristãos de uma cidade situada na Ásia Menor, no Vale do Rio Lico, a 200 quilômetros de Éfeso (não longe da atual Pamukkale), a epístola tem três objetivos.

(1) *Prolongar a teologia de Paulo* com relação à cristologia e à redenção. De fato, ela acrescenta: uma nova reflexão sobre Cristo como centro da criação, que reina sobre todas as coisas (1,12-19); uma reformulação da doutrina da alienação do homem, submisso à autoridade de poderes nefastos; um aprofundamento da salvação, pensada como reconciliação com Deus por meio de sua reconciliação por Cristo, bem como uma nova concepção do batismo como realização ritual dessa reconciliação (3,1-17); uma reformulação da escatologia (os últimos momentos deste mundo) em termos de mistério "oculto" e depois "revelado" aos cristãos (1,24-2,7);

(2) *Exaltar um Apóstolo que se afasta*: nessa epístola, "Paulo" se apresenta como o verdadeiro revelador do mistério de Cristo à comunidade, e não mais somente como o simples apóstolo das nações;

3) *Reagir a uma série de desvios* (2,8-23) *que ameaçam a comunidade*: o autor denuncia o culto de seres intermediários, principados, potências, anjos, a observância de rituais sazonais e uma tendência ao ascetismo, que foram considerados uma crítica ao gnosticismo e a certos cultos esotéricos em voga em Colossos.

A Epístola aos Colossenses contém duas passagens em que os exegetas trabalharam longamente:

(1) *Um hino cristológico* (1,15-20), talvez mais antigo do que a carta. Inspira-se na literatura sapiencial para descrever a preexistência de Cristo a toda a criação, e talvez também em meditações intertestamentárias sobre a reconciliação de Deus com os homens. Uma de suas dificuldades principais é que utiliza um vocabulário próximo da gnose e das especulações herméticas.

(2) *Um "código doméstico"* (3,18-4,1): herança dos filósofos populares que elaboravam catálogos de regras de bom comportamento para com as autoridades, os pais,

os irmãos, os esposos, essa passagem arrola as condutas "cristãs" que uma família deve adotar. Inspirado em algumas páginas paulinas, adaptado ao gosto da época, esse código doméstico recomenda a submissão das mulheres ao marido, dos filhos aos pais, dos cristãos à autoridade, tomando como modelo a subordinação que todos devem a Deus.

5.1.3 A Epístola aos Efésios

Também classificada entre as epístolas do cativeiro, Efésios suscita um problema de autenticidade muito mais agudo do que Colossenses, porque "Paulo" escreve aos efésios como se não os conhecesse (1,15; 2,1; 3,1) e a menção "aos Efésios" não aparece em alguns bons manuscritos. Chegou-se a supor que se tratava de uma epístola aos laodicenses, ou então de uma carta circular às comunidades da Ásia. Em todo caso, seguramente é epigráfica e prolonga Colossenses a ponto de parecer sua reescrita: conclui seu pensamento cristológico com uma reflexão eclesiológica, visto que o lugar preferencial da revelação do mistério de Cristo é a comunidade da qual Cristo é a cabeça (3,1-21). Epístola pacificadora, vê na comunidade dos cristãos o lugar da reconciliação final: judeus e gregos foram reconciliados num único corpo, a comunidade (2,11-22). Epístola de exortação, incita os cristãos a viverem uma vida digna do chamado que receberam (4,1-6,20).

5.2 Justificar aos não judeus a missão de Paulo: a obra de Lucas

O Evangelho de Lucas e o Livro dos Atos formam um único conjunto, que se anuncia como tal (cf. Atos 1). É tradicionalmente atribuído a Lucas, um médico grego instruído cujo nome Paulo cita e que teria escrito sob influência do Apóstolo. Na realidade, enquanto é evidente que o autor se dirige a cristãos familiarizados com a cultura grega e que escreve num grego elegante e com real talento de historiador, podemos identificar numerosas inovações, como o papel preponderante do Espírito Santo, esboçado na teologia paulina. Portanto, a atribuição antiga (antes do século IV) que afirmava que o conjunto fora escrito depois da morte de Paulo parece mais realista, ainda que convenha adiantá-la mais, visto que o Evangelho se inspira em Marcos, o que sugere uma redação por volta dos anos 80. Um prólogo do século II que assegurava que o Evangelho foi redigido na Acaia talvez seja confiável. Além de Marcos, o autor poderia utilizar a fonte Q, bem como um fundo próprio, talvez proveniente de uma primeira redação (o "proto-Lucas"). Quanto aos Atos dos Apóstolos, tudo parece provir de um fundo próprio, certamente composto de tradições antioquinas e de diários de viagem para certas passagens em que o "nós" é conservado (16,10-17; 10,5-21,18; 27,1-28,16; 11,28).

5.2.1 Finalidade da obra de Lucas

O objetivo do conjunto formado pelo Evangelho e os Atos é defender a posição paulina: os cristãos, sejam de origem judaica ou não judaica, estão na continuidade do judaísmo e, por sua vez, assumem a promessa; a abertura aos não judeus faz parte dessa promessa doravante confiada aos cristãos. Esse programa teológico efetua-se em duas partes: o Evangelho prova a fidelidade de Jesus aos ensinamentos do judaísmo reunidos em seus livros santos e define o lugar que ele ocupa na realização dos anúncios proféticos; os Atos demonstram a fidelidade dos apóstolos aos ensinamentos de Jesus e a obrigação que o Espírito lhes cria de direcionarem-se para os não judeus. Esse programa teológico se insere na geografia: o Evangelho conduz seu leitor de Nazaré a Belém, a cidade de Davi, e depois a Jerusalém, a cidade santa dos judeus; e os Atos, de Jerusalém a Roma, a capital do Império Romano.

Esse objetivo se encontra também no plano da obra:

• *Lucas 1-2: os relatos da infância ilustram a dupla origem de Jesus*: ele é ao mesmo tempo Filho de Deus e filho de Davi, herdeiro da esperança do povo judaico;

• *Lucas 3,1-9,51: na Galileia, ilustração da origem divina*, com o batismo, a tentação e o discurso de Nazaré. A dualidade judeu/grego é introduzida por uma pregação entre os judeus (Lc 5-6) que termina com uma profissão de fé de Pedro, e falas entre os não judeus que terminam com a profissão de fé do centurião romano (Lc 7-9);

• *Lucas 9,51-19,28: a viagem de Galileia a Jerusalém revela o mistério de Deus*. Após uma primeira pregação sobre o mistério de Deus (Lc 9-16) que responde à pergunta "Quem é Cristo?" (Lc 9-11) e revela a fraqueza humana (Lc 12-13), Jesus prega sobre o Espírito Santo (Lc 14-16) e sobre a vinda do Reino de Deus (Lc 17-21);

• *Lucas 20-24: em Jerusalém, realização do mistério*: paixão, sepultamento, ressurreição, missão, ascensão;

• *Atos 1,1-15,35: de Jerusalém a Antioquia, os atos de Pedro*. Uma série de acontecimentos, quase todos tendo Pedro como herói, mostram os cristãos dando continuidade à pregação de Jesus. Pentecostes marca o fim da divisão judeu/grego e lança a missão: fundação e descrição da pequena comunidade e pregação aos judeus (1,1-11,26) e depois aos gregos (11,27-15,35);

- *Atos 15,36-28,31: de Antioquia a Roma, os atos de Paulo*, uma narração contínua em forma de relato de viagem, tendo Paulo como herói, ao redor do Mar Egeu (15,36-19,21) e, depois, de Jerusalém a Roma (19,22-28,21), mostrando uma abertura cada vez maior para os não judeus, sem abandonar a esperança de que os judeus se juntem aos cristãos.

5.2.2 Principais características de Lucas-Atos

A obra de Lucas, influenciada pela teologia de Paulo e pela de Antioquia, apresenta algumas características próprias.

(1) *Um retrato particular de Jesus*: diferenciando-se de Marcos, que retratava Jesus a partir das reações daqueles que estavam junto dele, Lucas posiciona-o em sua dimensão escatológica, sob três figuras: os relatos da infância mostram que ele é realmente Deus feito homem e estão na origem da teologia da Encarnação; o restante do texto destaca constantemente seu papel de cumprimento da expectativa judaica; na linha de Paulo, Lucas apresenta Jesus como o "Salvador" e como o "Senhor";

(2) *Insistência na salvação reservada aos não judeus*: também dando continuidade a Paulo, Lucas evidencia que a fé prevalece sobre a prática da Lei, não só entre os gregos, mas também entre os samaritanos, descendentes súditos do antigo Reino do Norte, desprezados pelos da Judeia (tema do "Bom Samaritano");

(3) *Uma teologia do Espírito e da oração*: nas escrituras judaicas, o Espírito de Deus representava o poder de Deus, que transmitia para a Terra suas vontades e esclarecia seu desígnio na história. Em Lucas, ele se individualiza mais e personifica o vínculo que Jesus mantém com seu Pai e o vínculo que os cristãos mantêm com Jesus. Por isso pode ser chamado de Evangelho da Oração,

"lugar" preferencial da ação do Espírito. Nos séculos seguintes, essa teologia do Espírito culminará na identificação do Espírito como uma das pessoas da Trindade (Deus Pai e o Jesus Filho e o Espírito Santo).

5.3 Remodelar as comunidades: as epístolas pastorais

Concomitante com esse despertar das comunidades paulinas, a redação das epístolas pastorais atende à necessidade de organização que anima os líderes dessas mesmas comunidades paulinas.

5.3.1 Os autores das Pastorais

Postas sob a autoridade de Paulo, as epístolas pastorais não podem ser-lhe atribuídas: consideráveis diferenças de estilo, de teologia e de organização da comunidade militam em favor de uma escrita tardia (cerca do ano 80 ou depois). Frequentemente se pretendeu que os destinatários, Timóteo e Tito, poderiam ser seus verdadeiros autores e que elas serviam para apoiá-los na sucessão paulina. As comunidades a que eram enviadas também não estão esclarecidas: Éfeso? Creta? Tessalônica?

5.3.2 Principais temas das Pastorais

As três epístolas pastorais têm a mesma finalidade de regulamentar a vida social dos cristãos:

- *Inserir a casa cristã na ordem social romana (1Timóteo 5,1-6,2; Tito 2,1-10)*: o essencial da vida familiar deve basear-se na *pietas* (o dever filial) e os cristãos devem respeitar as hierarquias sociais; o homem é superior à mulher, o velho é superior ao jovem, o amo ao escravo. Essas regras estão agrupadas em "códigos domésticos";

• *Pautar-se pela hierarquia da comunidade*: o epíscopo e os anciãos constituem a fonte de autoridade e devem ser honrados (1Timóteo 4,14). É preciso que sejam instituídos diáconos (1Timóteo 3,8-13) e também "viúvas", uma função comunitária pouco clara (1Timóteo 5,3-16);

• *Supervisionar o ensino na comunidade*: os verdadeiros ensinamentos baseiam-se na tradição apostólica (1Timóteo 1,11) e é preciso precaver-se contra alguns falsos profetas. Os adversários que "Paulo" vitupera são difíceis de caracterizar. Vários candidatos foram propostos: cristãos de origem judaica, sincretismos (mistura de várias religiões) aliando gnose e judaísmo, membros de cultos esotéricos;

• *O início da teoria da inspiração* (2Timóteo 3,15-16): "Toda Escritura é inspirada por Deus e útil para ensinar, para refutar, para corrigir, para educar na justiça". Parece claro que a "Escritura" em questão é o Antigo Testamento e que a passagem reivindica a legitimidade de uma exegese cristã. Mas, ao empregar o termo "*inspirada*", herdado da religião greco-romana, o autor orienta de maneira determinante a teologia cristã sobre os textos sagrados.

Parte III
A terceira geração

Sessenta anos após a morte de Jesus, após o trauma das guerras judaicas, as rivalidades com as outras tendências do judaísmo e a lenta maturação teológica, as preocupações das comunidades cristãs modificam-se. Não devemos pensar, como ainda alguns anos atrás, que essa terceira geração tenha cortado suas raízes judaicas. O movimento de ruptura mal está começando; irá operar-se em temporalidades diferentes, dependendo da área geográfica e da comunidade, e assumirá as mais diversas formas. Só se encerrará realmente no início da Idade Média. Por enquanto, as igrejas dotam-se de instituições próprias – vimos que o impulso já fora dado nas assembleias paulinas –, de uma liturgia e uma teologia particulares e continuam a definir-se com relação ao mundo romano. Surgiram nas igrejas paulinas novas contestações, internas às comunidades, com relação a conflitos de autoridade e de interpretação teológica; elas se acentuam nesse período e em seguida culminarão nas correntes que serão qualificadas de heresias.

6
Uma singularidade teológica e litúrgica: o *corpus* joanino

O *corpus* joanino, composto em torno da figura de João e compreendendo um Evangelho, três epístolas atribuídas ao Apóstolo e um apocalipse, ocupa um lugar particular no Novo Testamento. Com o *corpus* joanino, o leitor vê-se a braços com uma comunidade à parte, relativamente preservada das convulsões da Judeia (cf. João 9), que desenvolve uma compreensão singular da mensagem de Jesus e do lugar da coletividade.

Isso não significa de modo algum que se trate de uma comunidade pacífica: seus escritos guardam a marca de conflitos e de contestações fortes. Suas origens devem ser buscadas na Palestina, onde judeus reconhecem em Jesus o Messias davídico; são dirigidos por um homem, aliás, desconhecido, que seguiu Jesus e se tornará na memória comunitária seu discípulo preferido. Essa primeira assembleia parece relativamente aberta aos diferentes componentes do judaísmo, visto que nela provavelmente se encontram judeus da Judeia, ex-discípulos de João Batista, bem como pessoas aparentemente próximas dos essênios e dos samaritanos, mas também representantes da "gente da região", que coexistem com sacerdotes membros das classes inferiores do clero. Ela desenvolve uma teologia da preeminência de Jesus como Cristo (Messias) e do lugar central do Templo, do qual o Evangelho conserva marcas.

Apesar desse componente essencialmente palestino, a comunidade abriu-se para os judeus da Diáspora. Uma geração depois, ela se desloca para a Ásia Menor, introduz gregos em seu seio e dirige-se a cristãos de origem pagã. Não é impossível que nesse período sofresse influência do paulinismo. O Evangelho inclui assim uma dimensão universalista da salvação, oferecida a todos os homens e não unicamente ao povo judeu, e expõe um relacionamento muito individualista entre o crente e Cristo.

Parece que num certo momento de sua história a comunidade tenha entrado em conflito com os fariseus ou os rabinos, sucessores destes. Os cristãos joaninos de origem grega mantêm distância com relação à Judeia. Podemos captar no Evangelho traços dessa hostilidade contra "os da Judeia" (*ioudaîoi*, que às vezes era traduzido por "os judeus"; cf. o glossário desta obra).

À força de concentrar-se na divindade de Jesus, o grupo divide-se. Alguns negam a Jesus toda humanidade e abrem caminho para doutrinas centradas unicamente na divindade de Jesus – doutrinas que reaparecerão nos séculos seguintes em escolas que os Padres da Igreja qualificarão de "heréticas": docetas afirmando que Jesus, Deus, fingiu tornar-se homem e morrer, encratistas rejeitando as relações sexuais e a procriação, gnósticos defendendo a preeminência do conhecimento secreto para a salvação etc. A comunidade reage insistindo na humanidade de Jesus (c. 80-90), 1João e 2João são escritos para condenar os agitadores. Essa atualização não é suficiente e, numa época tardia, a comunidade joanina acaba por desintegrar-se: uma fração concorda em juntar-se às igrejas antioquinas, redige o final do Evangelho (2Jo 21), que reconcilia as figuras de Pedro, encarnando a tendência antioquina, e do discípulo, representando os cristãos joaninos, bem como 3João, enquanto os outros membros do grupo desenvolvem suas ideias docéticas e gnósticas.

Paralelamente, a comunidade joanina sofre perseguições sob Domiciano. Um de seus membros, desconhecido, que também se nomeia João, compõe então um apocalipse (c. 96), inspirando-se em formas judaicas e retomando os temas básicos da teologia joanina para tranquilizar os cristãos da Ásia Menor.

As gnoses

O termo "gnose" (do grego *gnósis*, "conhecimento") abrange um conjunto de doutrinas provenientes de religiões diversas – houve gnoses cristãs, judaicas, islâmicas – que possuem características semelhantes, mas abarcam movimentos muito variados.

(1) *Uma concepção pessimista do mundo, baseada num dualismo bem/mal e corpo/espírito*: a criação é obra de um espírito mau em oposição com um poder bom. O homem está preso nessa criação e somente fugindo do mundo obtém sua salvação. Para isso precisa libertar seu ser espiritual – a única parcela de divino nele – da criação e da matéria física que tentam retê-lo.

(2) *Um certo esoterismo*: esse movimento de emancipação só se realizará por meio do conhecimento oferecido pela religião gnóstica; ela pretende divulgar a seus iniciados as verdades

ocultas sobre o homem, a criação, o mundo. Essa revelação leva o iniciado a alcançar a salvação.

As gnoses cristãs dos primeiros séculos frequentemente negam o caráter divino da criação, rejeitam o Antigo Testamento, estabelecem uma clara distinção entre a alma e o corpo, rejeitam a encarnação de Cristo e seu retorno próximo. Apresentam-se como depositárias de um ensinamento secreto de Cristo e dos apóstolos e pregam o ascetismo, a abstinência.

Convém observar que a categoria "gnóstico" é uma etiqueta que os Padres da Igreja utilizam para estigmatizar toda uma série de opiniões e doutrinas que nada tinham em comum, a fim de definirem sua própria ortodoxia. Assim, serão reunidas especulações ligadas ao neoplatonismo, sincretismos internos ao judaísmo, escritos místicos, regulações morais tendentes ao ascetismo.

Os eclesiásticos que se opunham aos bogomilos (séculos X-XI) e aos cátaros (séculos XII-XIII) buscaram, para melhor condená-los, parentescos entre esses movimentos e o discurso dos heresiólogos dos primeiros séculos, porém essa continuidade foi inventada de ponta a ponta. Isso também vale para a filiação alegada por certas seitas de inspiração cristã que se declaram "gnósticas": é totalmente fantasiosa.

6.1 As Três Epístolas de João e as convulsões da comunidade joanina

As Três Epístolas "de João" têm como autor declarado um personagem que nomeia a si mesmo "o Ancião" em 2 e 3João ou que chama seus destinatários de "meus filhinhos" (1João). Foram redigidas entre os anos 90 e 110, sem dúvida por autores diferentes. Todas combatem adversários que o "Ancião" batiza de "anticristos", que parecem ter acreditado numa forma de docetismo que pregava que Deus simplesmente se revestiu de uma aparência humana. De estilo bastante encantatório, as três "cartas" (na verdade, duas cartas e 1João como uma espécie de poema) recorrem a procedimentos retóricos não demonstrativos: apresentação dos argumentos em forma de um saber prévio, anunciado pela expressão "nós sabemos"; uso de uma retórica autoritária exortando a "permanecer" no rastro do Ancião; exposição dualista das forças presentes: luz, verdade, vida do lado do Ancião, trevas, mentira, morte do lado de seus adversários.

6.1.1 Primeira Epístola de João: em defesa da humanidade de Jesus e da caridade

1João insiste na vertente teológica de oposição aos docéticos. Podemos identificar três pontos de discordância:

- *A cristologia*: enquanto os docéticos teimam na divindade de Jesus, 1João enfatiza sua humanidade, que lembra que o "verbo de Deus" pôde ser apreendido pelos sentidos dos seres humanos (1,1-5) e que o fato de negar a Jesus uma natureza humana não vem de Deus (4,2-3);

- *A doutrina da salvação*: o autor repele explicitamente aqueles que rejeitam a noção de pecado, certamente influenciados por uma doutrina dualista que contrapõe Bem e Mal e na qual o conceito intermediário, que é o pecado, não encontra lugar (1,7-10);

- *A autoridade do Ancião*: o discurso reivindica três fontes de autoridade para condenar os heréticos: a inspiração profética (4,2-3); o fato de ser "de Deus", ou seja, de expressar o pensamento divino (cf. 4,6) e o fato de ser companheiro de Deus (cf. 1,6; 2,6; 4,20). A autoridade desse que fala a seus "filhinhos" recorre não a conceitos teológicos, e sim a uma prática moral: ela reside no amor dos irmãos cristãos. Assim, com seu elogio à caridade, o Ancião faz a divisão passar da categoria de falta social para a categoria de falta moral e, depois, para a de falta teológica.

6.1.2 Segunda Epístola de João: exortação a uma assembleia para que permaneça em comunhão

Dirigida a uma "senhora eleita" e seus filhos (2João 1), que certamente figuram uma comunidade particular, essa carta curta representa a vertente eclesiológica da estratégia do Ancião. Retomando sua advertência para que sigam os mandamentos antigos e pratiquem a caridade, ele incita a permanecerem em comunhão e não receberem agitadores.

6.1.3 Terceira Epístola de João: instruções a um cristão

Breve missiva enviada a um certo Gaio, provavelmente o líder de uma comunidade, incentivando-os a permanecerem fiéis ao Ancião e a não confiarem em Diótrefes, que se opôs a ele.

6.2 O Quarto Evangelho: um Evangelho original

Com relação aos outros evangelhos, o Quarto Evangelho ocupa um lugar totalmente particular. Diferencia-se claramente não só da composição dos sinópticos, mas também de sua teologia e provavelmente – a questão é muito discutida – de suas fontes. Utilizando um estilo diferente dos outros evangelhos, muito poético, ele recorre a um plano bastante simples: após um prólogo teológico (1,1-18), narra a atividade pública de Jesus (1,19-12,50), combina uma série de discursos de despedida em torno da Ceia (13-17), relata a paixão e a ressurreição (18-20) e conclui com um epílogo na Galileia (capítulo 21). Suas principais inovações consistem no retrato de Jesus, sua teologia e seu relacionamento com os diversos grupos da época.

6.2.1 Um Evangelho separado dos sinópticos

Ainda que os quatro evangelhos apresentem alguns pontos em comum sobre a vida de Jesus – sua oposição ao Templo, a cura do filho do centurião, a caminhada sobre a água, a unção em Betânia, a Última Ceia –, João afasta-se dos sinópticos muitas vezes.

(1) *João omite numerosos episódios importantes*: a tentação, a transfiguração, a instituição da Eucaristia, a oração no Getsêmani etc.;

(2) *João acrescenta alguns episódios*: um ministério na Judeia antes do ministério na Galileia, três viagens a Jerusalém, três Páscoas;

3) *João apresenta uma diferença de compreensão do milagre*: narra apenas sete milagres, cada um dos quais assume uma dimensão particular: chamados de "sinais" ou "obras", eles atestam a identidade de Jesus e frequentemente dão oportunidade para um discurso explicativo;

4) *O Jesus de João não utiliza parábolas*;

5) *A identidade de Jesus não está em questão*: o que era o centro do Evangelho de Marcos não apresenta dificuldade no de João, no qual Jesus fala livremente de si e do que ele é;

6) *O "Reino de Deus" não é o centro da pregação de Jesus*: esse elemento crucial dos sinópticos também está ausente.

6.2.2 Um retrato original de Jesus

Podemos identificar no Quarto Evangelho as marcas da importância da cristologia que ativava a comunidade joanina. Enquanto nos sinópticos Jesus não evocava sua preexistência à encarnação, João menciona uma existência eterna antes de sua encarnação e depois dela. Além disso, ao passo que os sinópticos nunca falavam diretamente de Jesus como Deus, João assim faz, o que prepara a doutrina da Trindade.

• *O "Verbo de Deus antes de todos os séculos".* Em seu célebre prólogo (1,1-18), o Evangelho descreve Jesus como a "Palavra" eterna de Deus. Essa denominação mistura a tradição helenística do *lógos*, que designava o espírito e a vida animando o Universo, com a tradição pós-exílica da Sabedoria de Deus (presente no Livro da Sabedoria), que preexiste à criação do mundo, bem como com a tradição bíblica da fala de Javé do Livro do Gênesis, retomada em Isaías 55,10-11, que indica a manifestação criadora de Deus.

• *Jesus é Deus, o Filho de Deus*: é em João que encontramos claramente a ideia de que Jesus é Deus e compartilha com seu Pai essa divindade. Tal divindade autoriza-o a retomar para si designações tradicionais de Deus – luz do mundo (8,12), pão da vida (ou seja, "maná", 6,35), Bom Pastor (10,11), vida (11,25).

6.2.3 Inovações teológicas joaninas

Além de sua cristologia, João procede a algumas inovações teológicas que terão um papel preponderante no cristianismo.

• *A doutrina da salvação.* Apesar de seu forte substrato judaico, vê-se claramente que a comunidade joanina não atribui à Lei uma virtude salvífica. A salvação eterna passa a vir de Jesus, que se descreve como "o caminho, a verdade e a vida" e afirma explicitamente: "Ninguém irá ao Pai sem passar por mim" (14,6). Essa fidelidade a Jesus se expressa pela "permanência" nele.

• *O Paráclito.* Assim como Lucas, João tem uma teologia do Espírito. Entretanto, ele vai muito mais longe que o autor do Evangelho e dos Atos: esse Espírito de Deus é compreendido como o sucessor de Jesus após sua partida (cf. Jo 14-16 *passim*) e como o "paráclito", ou seja, o defensor da comunidade. Ele dá continuidade à presença de Jesus, a ponto de legitimar novas revelações a respeito deste (14,25-26; 16,12-15). Com essa teologia do Espírito, João faz da comunidade o lugar preferencial da salvação e dos ensinamentos sobre Jesus.

6.2.4 Relação com os outros grupos

Fruto da longa evolução da comunidade joanina, o Quarto Evangelho descreve claramente quais eram os relacionamentos desta com os outros componentes da sociedade.

- *Rivais: os judeus das sinagogas e do Templo*. No Evangelho, Jesus mantém relações tumultuosas com as sinagogas e o Templo: várias vezes é expulso das sinagogas e prediz a rejeição de seus discípulos. No relato da Paixão, Pôncio Pilatos é, digamos assim, "lavado" da culpa pela morte de Jesus, enquanto "os sumos sacerdotes", os "fariseus" e, mais globalmente, os "da Judeia" são designados como culpados. Essa argumentação certamente foi um dos fatores de um certo antijudaísmo cristão, visto que *ioudaïoi* pode ser traduzido tanto por "os da Judeia" como por "os judeus".

- *Concorrentes: os discípulos de João Batista e os outros cristãos representados por Pedro*. O Evangelho enfatiza várias vezes a posição de inferioridade de João Batista com relação a Jesus e seu papel de "precursor" que não é Messias; podemos ver nele as marcas dos debates que agitaram a comunidade ante os discípulos de João Batista. Do mesmo modo, devemos destacar a tríade Judas, Pedro e o Discípulo para simbolizar três atitudes de fé: traição (Judas), incompreensão e traição (Pedro) e fé perfeita (o Discípulo). Entretanto, essa polêmica se atenua no último capítulo, que dá a Pedro e ao Discípulo dois papéis diferentes, mas complementares.

- *Duas terras de missão: Samaria e mundo grego.* João contém dois episódios que não se encontram nos outros evangelhos e expressam a orientação da comunidade: uma viagem a Samaria (Jo 4), em que Jesus se faz reconhecer como Messias por uma samaritana, e a presença de gregos entre seus discípulos (12,20-22).

6.3 Inquietar e tranquilizar: o Apocalipse

Explicitamente atribuído a um vidente chamado João, o Apocalipse ocupa um lugar à parte no *corpus* joanino: ainda que compartilhe alguns temas com os escritos da comunidade, como a ideia de um Messias sofredor, o tema do Cordeiro de Deus, o do Verbo de Deus e outros, seu estilo é muito diferente e muitas referências lhe são próprias; trata-se de um texto independente, incorporado em seguida à comunidade joanina. Redigido muito provavelmente para comunidades da Ásia Menor, situadas na fachada ocidental da Turquia atual, ele fala da perseguição de Nero, mas foi composto bem depois, sob Domiciano, como já dizia Ireneu de Lyon (c. 130 - c. 202).

Poucos livros bíblicos receberam mudanças de interpretação tão radicais quanto o Apocalipse. Considerado durante muito tempo como um livro anunciador de catástrofes, a partir dos anos 1950 foi compreendido como uma obra destinada a tranquilizar comunidades expostas à perseguição. Atualmente essa leitura otimista é vista com um pouco mais de prudência.

6.3.1 O gênero apocalíptico: uma herança dos últimos séculos antes de nossa era

Ao passo que o Apocalipse constitui seu único exemplar no *corpus* canônico, o gênero apocalíptico era muito difundido no judaísmo pós-exílio. Após o retorno do exílio, o povo não mais reconhece profetas, "os céus estão fechados". Assim, outro gênero literário vem na sequência: o apocalíptico, que reata com a imagística profética e seu ponto de vista: ao invés de adivinhar o futuro, o vidente não faz mais que fornecer uma profundidade ao presente. Por meio de visões do que ocorre nos céus e nos infernos, ele revela o que sucedeu no passado, anuncia o que o futuro nos reserva, para no final dar sua interpretação do presente.

Um gênero proteiforme. Todo discurso crítico sobre o presente pode dar matéria para apocalipse, e os numerosos apocalipses conservados ilustram a multiplicidade dos meios que os produziram. Assim, o *Livro de Henoc* é uma compilação heterogênea de peças com datas (entre 170 a.C. e 50 a.C.) e origens diversas (um relato da queda dos anjos, um tratado de astronomia, um livro de parábolas etc.); o *Apocalipse de Moisés* reflete preocupações a respeito da ressurreição; o *Quarto Livro de Esdras* (c. 100 d.C.) faz perguntas a Deus a respeito da queda do Templo; o *Apocalipse Siríaco de Baruc* (século II) servia de leitura comemorativa da queda do Templo e prometia castigo para seus responsáveis.

Um gênero que apresenta algumas invariantes. A maioria dos apocalipses são pseudônimos, e todos recorrem a visões, a eventos celestes. Outro ponto em comum é o esclarecimento sobre os planos de Deus a respeito do mundo: apesar de sua aparência pessimista, na realidade revelam que o justo será salvo.

6.3.2 Algumas chaves para ler o Apocalipse

O Apocalipse foge das regras habituais da narração. Para orientar-se nele convém ter em mente os seguintes preceitos:

- *Construção recapitulativa*: a narrativa costuma obedecer ao princípio *post hoc ergo propter hoc* ("depois disso e, portanto, por causa disso"). O Apocalipse, por sua vez, justapõe elementos que não estão coordenados cronologicamente e até mesmo desenvolve o mesmo elemento em várias narrativas;

- *Construção milenarista*: o Apocalipse não pretende descrever o futuro, e sim um tempo intermediário, uma época de mil anos, que constitui o presente da comunidade e se estende entre a morte de Cristo e a hora de seu retorno;

- *Construção imagética*: o Apocalipse é um livro codificado cujas imagens precisam ser decifradas: imagens do poder (a Besta = o Império Romano; os chifres = as colinas de Roma etc.); imagens da comunidade (os 44 mil = os cristãos; a Mulher = a comunidade etc.); imagens da divindade (o cordeiro imolado = Cristo; o Dragão = Satã; os cavaleiros = as provações enviadas por Deus etc.). A maioria dessas imagens é tirada da tradição bíblica e da tradição apocalíptica.

6.3.3 Um plano que revela a intenção do autor: tranquilizar e inquietar

Assim, o Apocalipse persegue dois objetivos: corrigir atitudes de comprometimento com o Império Romano e reanimar os que temem que essa atitude intransigente seja saldada com uma perseguição.

- *A primeira visão (Ap 1-3) exorta as comunidades terrenas a adotarem um bom comportamento*: essa primeira parte é mais propriamente *parenética* (exortativa) do que apocalíptica. O vidente tem a visão de um "Filho de Homem", Cristo, que envia sete cartas para sete comunidades da Ásia Menor para que corrijam o que considera seus defeitos. Essas sete cartas nos mostram cristãos divididos entre várias facções (algumas muito opostas ao vidente) e, principalmente, tensionados entre uma posição de retraimento diante do mundo e uma participação nas estruturas econômicas e políticas do Império Romano, em sua prosperidade, em sua ideologia. O vidente condena essa aspiração ao conforto material e ao reconhecimento social;

• *A segunda visão (Ap 4-20) revela o que está em jogo neste mundo; é preciso subdividi-la.* As sete trombetas e os sete selos descrevem o que ocorre no céu (Ap 4-11): ao som da trombeta e rompendo os selos, Deus envia ao mundo uma série de provações que manifestam sua vontade de julgamento, mas subsiste um restinho, que representa a comunidade cristã, a quem é confiado um livro, o Evangelho. A luta contra o Dragão e seus sequazes (Ap 12-20) descreve o que acontece no mundo. O Dragão, imagem de Satanás, é derrotado no céu uma primeira vez. Seus avatares, as duas Bestas (simbolizando o Império Romano) que ameaçam a Mulher (que simboliza a comunidade cristã) são derrotados e Babilônia-Roma é destruída. Por fim, o Dragão é derrotado uma segunda vez. Essa passagem está estruturada para demonstrar aos que ficarem tentados a aliar-se ao sistema econômico e político romano que esse não tem futuro e que correm o risco de ser condenados com ele; tranquiliza os que temem as repercussões de uma ruptura com Roma, provando-lhes que serão recompensados;

• *A terceira visão anuncia a descida da Jerusalém celeste à Terra (Ap 21-22)*: essa última visão mostra a descida da Cidade Santa e descreve a esperança escatológica da humanidade como coabitação de Deus e seu povo em uma cidade.

7
Definir-se diante do mundo: os últimos escritos do Novo Testamento

Os últimos textos do Novo Testamento datam do período 90-120. Todos compartilham o mesmo objetivo: definir a comunidade cristã em face do mundo. Juntam-se nisso às preocupações dos outros escritos cristãos que lhes são contemporâneos, alguns dos quais foram tratados como fazendo parte do Novo Testamento, mas que por fim não entraram no cânon das Escrituras, tais quais: a Primeira Epístola de Clemente de Roma, a Didaquê [ou Doutrina dos Doze Apóstolos], as Cartas de Inácio de Antioquia e de Policarpo, a Epístola de Barnabé, a Epístola a Diogneto, bem como os primeiros atos dos mártires, por exemplo o Martírio de Policarpo ou os Atos de Perpétua e Felicidade.

7.1 Definir-se com relação ao mundo romano: a Primeira Epístola de Pedro

A Primeira Epístola de Pedro é pseudoepigráfica por no mínimo quatro razões: é composta num grego muito clássico, diferente do grego da Diáspora de Paulo e provavelmente de Pedro; manifesta grande familiaridade com a tradição das Pastorais de Paulo; emprega a mesma configuração epistolar, repete expressões paulinas, como "em Cristo"; utiliza "códigos domésticos"; é enviada a comunidades cristãs que não parecem ter existido na época de Pedro: Bitínia e Ponto e Capadócia; é claramente endereçada a cristãos que nada sabem do judaísmo (cf. 1,14.18; 4,3).

Visto que menciona Roma com o nome de "Babilônia", sem dúvida data de depois da queda do Templo – Roma, como Babilônia, destruiu Jerusalém – e, visto que Policarpo de Esmirna a cita em sua Epístola aos Filipenses (*Polyc. Phil.* 1,3, citando 1Pedro 1,8), ela não poderia remontar a antes do ano 110. Parece também que a Primeira Epístola de Clemente a conhecia, e ela data dos anos 95. Portanto, deve ter sido escrita nos anos 80-90, provavelmente em Roma.

7.1.1 A comunidade cristã ante a animosidade da sociedade

Durante muito tempo, interpretou-se essa carta estimando que ela refletisse uma perseguição imperial, semelhante à de Nero ou de Domiciano. Se fosse assim, por que o autor recomendaria submissão às autoridades? Portanto, devemos pensar mais provavelmente numa comunidade a braços com a hostilidade da sociedade a seu redor. Há três motivos para essa hostilidade:

(1) *Motivo religioso*: quer fossem provenientes do judaísmo ou do paganismo, os cristãos partilhavam uma mesma ideia proveniente do judaísmo: um monoteísmo exclusivista. O que causava problema não era o fato de acreditarem num deus único, pois muitos povos e filósofos praticavam esse tipo de monoteísmo; era afirmarem que o deus dos outros não existia;

(2) *Motivo político*: no Império Romano, a legitimidade do imperador estava estreitamente ligada à religião e ao culto de Roma. Questionar esse culto, mesmo por razões religiosas, fatalmente despertava suspeita;

(3) *Motivo social*: por um fenômeno social corrente, o forte comunitarismo das assembleias cristãs levou à desconfiança e mesmo à inimizade das outras partes da sociedade: corriam lendas contra os cristãos, como decapitação de crianças, incesto etc. Houve manifestações espontâneas de hostilidade.

7.1.2 A resposta de 1Pedro

(1) *Comportar-se com dignidade, mas a distância, numa sociedade pervertida*. Por uma espécie de reação comunitarista, "Pedro" traça o retrato de uma sociedade dissoluta (4,3-4) que é preciso evitar e na qual convém viver como estrangeiro numa Diáspora (1,1; 1,17; 2,11). Para isso é preciso não dar margem a críticas e, portanto, comportar-se com dignidade, subordinando-se às autoridades (2,11-3,12).

(2) *Preparar-se para o sofrimento*. Apesar dessas provas de boa vontade, "Pedro" não tem ilusão: os cristãos sofrem e sofrerão hostilidade; portanto, exorta-os a suportá-la com alegria (1,3-13; 3,13-4,19), assim abrindo caminho para uma teologia do martírio que será desenvolvida nos séculos seguintes.

7.2 Definir a fé das comunidades: Judas e 2Pedro

Essas duas epístolas pouco conhecidas caminham juntas: 2Pedro é uma reescrita amplificadora de Judas e as duas cartas combatem "falsos ensinamentos".

A *Epístola de Judas* é atribuída ao "irmão de Tiago", o que faria dele um "irmão" de Jesus, mas seguramente data de uma época posterior. Isso porque faz referência a uma fé estabelecida como tradição (Judas 3), como faziam as Pastorais, e dá a impressão de que os apóstolos já desapareceram há muito tempo (Judas 17-18).

A *Epístola de Pedro* seguramente não é do apóstolo: faz alusão às cartas de Paulo como uma "escritura" (2Pedro 3,16), indício de um início de canonização; mostra uma época em que não se acredita mais que o retorno de Jesus esteja próximo (3,3-10); reescreve a Epístola de Judas. Seu estilo, muito floreado, é bastante diferente de 1Pedro.

7.2.1 Os oponentes de Judas e 2Pedro

Os adversários que vituperam Judas e 2Pedro possuem características semelhantes, embora não haja certeza de serem idênticos.

Eles vêm do interior da comunidade: pertencem à assembleia (Judas 4) e participam de suas celebrações (Judas 12; 2Pedro 2,13). *Negam Cristo (reprovação teológica)*: não creem mais em Cristo e não julgam mais que ele deva voltar. *Agem de maneira licenciosa (reprovação ética)*. Partindo desses escassos indícios parece difícil caracterizar com precisão tais oponentes. De fato, estamos lidando com uma polêmica interna, que comporta alguns exageros – podemos acreditar, por exemplo, que os rivais não acreditavam mais em Cristo? –

e diz respeito à edificação de uma comunidade cristã instalando-se ao longo do tempo.

7.2.2 O uso de textos apocalípticos

Para aniquilar seus oponentes, as duas cartas retomam textos provenientes dos escritos apocalípticos judaicos. Ambos utilizam o Livro de Henoc (1Hen 6-16), que conta a história de anjos pecadores punidos por Deus (Judas 6; 2Pedro 2,4), bem como a Ascensão de Moisés, que narra uma discussão entre o Arcanjo Miguel e o diabo (Judas 8-10; 2Pedro 2,10-11). Judas utiliza também uma profecia de Henoc (Judas 14-15 || 1Henoc 1,9). Essas referências às escrituras pseudoepigráficas sugerem que as comunidades destinatárias eram de origem judaica e que os adversários com quem ela polemiza se baseavam nessas escrituras.

Parte IV
Canonizações e manuscritos

A Segunda Epístola de Pedro já indicava: no final do século I, certos textos tinham força de autoridade nas comunidades cristãs. Assim, após uma fase de escrita vieram uma fase de organização do cânon e, após a fase de canonização, uma fase de edição. Distinguidas aqui por contingências da exposição, essas fases não devem ser compartimentadas, pois se interpenetram: o processo de canonização começou antes da escrita das últimas cartas do Novo Testamento e só pode ter sido concomitante com uma vontade de recopiar o "melhor" texto possível. Além disso, ele não entravou a redação de novos escritos a respeito de Jesus e seus apóstolos, que não foram escolhidos na fase final da canonização.

Parte IV
Classificação e taxonomia

8
A organização do cânon

A escrita do Novo Testamento foi acompanhada, como já dissemos, da produção de muitos outros textos: outras cartas, como as Epístolas de Barnabé, de Clemente, de Inácio, de Policarpo; outros evangelhos, como o de Tomé, dos Doze, dos Hebreus, dos Egípcios; outros atos, como os de Pedro, de Filipe, de Paulo; outros apocalipses, como o de Pedro. Quais textos eram dignos de fé e quais não o eram? Quais escritos podiam ser considerados normativos? A resposta a essas perguntas levou vários séculos para chegar, seguindo uma lenta maturação.

8.1 A lenta emergência da ideia de "cânon" (séculos II e III)

Para os primeiros cristãos, a ideia de cânon – termo derivado do grego *kanón*, "regra" – não se impõe: vimos que os escritos do Novo Testamento podem ser amplamente considerados escritos circunstanciais compostos para reagir a um problema definido e, em todo caso, como escritos particulares, destinados a uma comunidade específica.

É certo que no final do século I a ideia de que nem todos os escritos são equivalentes já ganhou terreno. A presença de pseudoepígrafos ilustra a autoridade que certos textos assumem, visto que se procura imitá-los. Determinadas práticas ou expressões revelam a existência de coleções de textos particularmente veneráveis. O deslocamento de sentido do termo "Evangelho", da palavra oral para a palavra escrita, é consumado na Didaquê, um texto pastoral do final do século I que menciona duas passagens de Mateus chamando-as de "Evangelho de Cristo". A Primeira Epístola de Clemente (c. 90) cita Mateus e Lucas sob o nome de "a palavra do Senhor" (13,2; 46,7-8). As cartas de Inácio de Antioquia (c. 110) estão repletas de fórmulas evangélicas. No entanto, o princípio de "cânon" válido para todas as comunidades está longe de ser enunciado.

A emergência da noção de cânon aconteceu mais tarde, *sob a pressão de certas comunidades* (*posteriormente designadas como "heréticas"*) que, elas sim, compreenderam de imediato a necessidade de assenhorear-se dos textos e, com isso, das tradições.

8.1.1 Os docetas abrem fogo

Basílides (c. 125), que afirmava que Cristo não fora crucificado – e sim substituído por Simão Cireneu – e subira imediatamente aos céus, escreveu os *Exegetica*, uma série de comentários de relatos da vida de Jesus. *Carpócrates* (morto por volta de 135) teria posto em circulação, segundo uma carta pretensamente atribuída a Clemente de Alexandria, uma versão modificada do Evangelho de Marcos. *Valentim* (c. 135-165) e seus discípulos gnósticos fizeram concorrência ao Novo Testamento com seus escritos, alguns dos quais foram recuperados em Nag Hammadi, um sítio arqueológico situado às margens do Nilo: um *Evangelho da Verdade*, um *Evangelho de Filipe*, um *Apocryphon* de Tiago etc. Herácleon, um discípulo de Valentim, foi o primeiro a divulgar um comentário do Quarto Evangelho.

8.1.2 Marcião (c. 144) revisa as Escrituras

Marcião dá um passo decisivo. Ele deseja romper com a tradição judaica: rejeita o Antigo Testamento e sua concepção de um Deus vingador, que qualifica de bárbaro, e exalta a figura de Jesus. Segundo ele, Cristo revelou um Deus radicalmente diferente do Deus do Antigo Testamento, um Deus de misericórdia, que desacredita definitivamente a figura antiga. Entretanto, Marcião não é gnóstico; não considera o Deus do Antigo Testamento como basicamente mau, e reconhece ao Antigo Testamento o valor de documento histórico e de código moral. Primeiro a admitir a autoridade dos textos, forja seu próprio cânon: um Lucas expurgado dos capítulos da Natividade e das passagens excessivamente "judaizantes" e dez cartas de Paulo remanejadas. Rejeita as Pastorais e Hebreus.

8.1.3 Montano (c. 156-172) e seu profetismo tornam suspeitas as passagens apocalípticas

O montanismo representa uma versão ascética e profética do cristianismo. Anunciando a volta iminente de Cristo, Montano vilipendia as relações sexuais, pronuncia oráculos e produz novas escrituras sagradas. Utiliza os livros apocalípticos, inclusive o próprio Apocalipse, bem como Hebreus. Condenado por sínodos locais, durante muito tempo seu movimento torna suspeito tudo que for apocalíptico; isso talvez explique por que há somente um único apocalipse no cânon do Novo Testamento e também a longa desconfiança que sofreram alguns livros, como Hebreus, a Segunda Epístola de Pedro ou a Epístola de Judas.

8.2 Desenvolvimento da ideia canônica

O fim do século II e o século III presenciaram o desenvolvimento real da ideia de cânon. Dois fatores heterogêneos conjugavam-se para promover essa noção: a necessidade de responder às iniciativas anteriores e de definir um cânon "ortodoxo" aceito por todos e com força de autoridade; o crescimento da reflexão cristã, que exigia que os crentes se baseassem em elementos confiáveis e que cada qual escolhesse suas referências. Essa dualidade explica a complexidade do conceito de cânon: de um lado, ele é composto simultaneamente de intenções repressivas e definições precisas; de outro lado, impõe-se em atos, pelas remissões que os Padres da Igreja lhe fazem. Assim se explica que, até nossa época, coexistam duas teorias: uma teoria da inspiração, que traça claramente uma fronteira entre o que é inspirado e o que não o é; e uma teoria da utilização, que admite como canônico todo texto empregado de maneira universal e permanente na Igreja. O próprio termo "cânon" é bastante tardio, visto que seu emprego para designar o *corpus* de escritos considerados autoritativos só é atestado pela primeira vez em Atanásio de Alexandria (295-373) na *Carta Festiva* 39.

8.2.1 *Resposta às heresias*

A reação às apropriações precedentes partiu em duas direções diferentes, que ilustram as hesitações das comunidades em matéria de cânon.

Elaboração de um compendium *dos evangelhos: o Diatessarão*. Em 179, Taciano, discípulo de Justino Mártir, que se acredita que já utilizasse uma harmonia evangélica, realiza um "quatro em um" (em grego, *dia tessaron*), uma concórdia dos evangelhos composta a partir dos quatro evangelhos. Para o historiador, esse empreendimento interessa duplamente: enfatiza a vontade de constituir um conjunto coerente de Escrituras e prova que já nessa época as comunidades reconheciam a autoridade dos *quatro* evangelhos.

Primeiras determinações de um cânon: contra-atacando o que designa como "heresias" em seu *Adversus Haereses* (c. 180), Irineu de Lyon replica indiretamente a Taciano, a quem provavelmente não conhecia, insistindo na necessária pluralidade dos evangelhos e exaltando o Evangelho *tetramórfico*, o Evangelho com quatro facetas. Na mesma época aparece em Roma uma primeira lista de livros intitulada "Cânon de Muratori", do nome do historiador que a publicou em 1740.

8.2.2 Definição em ato de um cânon

Paralelamente, podemos detectar as marcas do uso do cânon. Três tipos de provas destacam-se.

As citações explícitas nas obras dos Padres da Igreja já nos séculos II e III, entre outros: Irineu de Lyon, Cipriano de Cartago, Teófilo de Antioquia, Melitão de Sardes, Clemente de Alexandria e Orígenes.

A reprodução dos textos nos manuscritos (cf. o capítulo 9 a seguir).

As discussões canônicas e as listas antigas: são encontradas, por exemplo, nas obras de Orígenes e de Eusébio de Cesareia. O quadro recapitulativo no final deste capítulo possibilita uma comparação.

8.3 Fechamento do cânon

É somente a partir do final do século IV que aparecem as primeiras listas que fecham o cânon. No Oriente, Cirilo de Jerusalém (c. 315-386) cita em suas catequeses um primeiro cânon; Atanásio um segundo, em sua 39ª carta festiva. Em 350 reúne-se em Laodiceia um concílio que institui uma lista. No Ocidente, são principalmente sínodos locais que fecham o cânon, particularmente aqueles reunidos por Agostinho (ano 393 em Hipona, 397 e 419 em Cartago). Também se encontram catálogos de livros apócrifos "proibidos", como o famoso decreto do Papa Gelásio (pontífice de 492 a 498), muito discutido pelos historiadores, que censura muitos escritos: evangelhos apócrifos, apócrifos do Antigo Testamento e mesmo obras de alguns escritores suspeitos, como Tertuliano ou Lactâncio.

A primeira definição para a Igreja inteira só aconteceu em 1443 no Concílio de Florença e foi reiterada em 1546 no Concílio de Trento.

Convém observar que Lutero distinguiu hierarquias no cânon, entre os melhores escritos (João, Romanos, Gálatas, Efésios, Primeira Epístola de João), os escritos "que promovem Cristo" (Mateus, Marcos, Lucas, Atos, o restante de Paulo, a Segunda de Pedro, as outras cartas de João) e os escritos a serem rejeitados: Tiago – "uma carta sem valor que nada tem de evangélico" –, Judas, "inútil", Hebreus e o Apocalipse, suspeitos. As Igrejas da Reforma não o seguiram nessa remodelagem do cânon.

	Didaquê	Barnabé	Pastor de Hermas	I-II Clemente	Marcos	Mateus	Lucas	João	Evangelho de Pedro	Evangelho de Tomé	Evangelho dos Hebreus	Atos	Paulo
Marcião c. 140							M						M
Taciano c. 170					O	O	O	O			O	X	X
Irineu c. 180			O	O	O	O	O	O			?		O
Serapião c. 190									?				
Cânon Muratori c. 200			?		O	O	O	O				O	O
Orígenes c. 230	?	?	?		O	O	O	O	?	?	?		?
Luciano c. 260													
Eusébio c. 311-317	?	?	?		O	O	O	O		X	?	O	O
Codex Claromontanus		O	O		O	O	O	O				O	O
Cirilo de Jerusalém					O	O	O	O		X	?	O	O
Codex Sinaïticus		O	O		O	O	O	O				O	O
Siríaco					O	O	O	O					
Atanásio 367	O		O		O	O	O	O				O	O
Epifânio 370					O	O	O	O			?	O	O
Gregório de Nazianzo					O	O	O	O				O	O
Agostinho 393					O	O	O	O				O	O
Peshitta c. 400					O	O	O	O				O	O
Velha Latina					O	O	O	O					
Jerônimo		?	?		O	O	O	O	?	?	O	O	O
Teodoreto c. 423					O	O	O	O				O	O
Codex Alexandrinus				O	O	O	O	O				O	O
Cod. Bezae					O	O	O	O					
Decreto Gelásio c. 500			X		O	O	O	O	X	X			O
Vulgata 546					O	O	O	O					O
Bizantino c. 550					O	O	O	O					O
Lutero 1546					?	?	?	O					O
Trento 1546					O	O	O	O					O

Legendas: O = aceito; X = rejeitado; ? = debatido; M = aceito com modificações

	Pastorais	Hebreus	3Coríntios	Atos Paulo	Tiago	1Pedro	2Pedro	1João	2João	3João	Judas	Apocalipse	Apocalipse de Pedro	Laodicenses
Marcião c. 140														?
Taciano c. 170	O													
Irineu c. 180	O					O		O				O		
Serapião c. 190														
Cãnon Muratori c. 200	O							O	O	?	O	?	?	?
Orígenes c. 230	?	?	?	?	?	O	?	O	?	?	?	O		
Luciano c. 260							X		X	X	X	X		
Eusébio c. 311-317	O	?	?	?	?	O	?	O	?	?	?	?	?	
Codex Claromontanus	O		O	O	O	O	O	O	O	O	O	O	O	
Cirilo de Jerusalém	O	O			O	O	O	O	O	O	O			
Codex Sinaïticus	O	O			O	O	O	O	O	O	O	O		
Siríaco														
Atanásio 367	O	O			O	O	O	O	O	O	O	O		
Epifânio 370	O	O			O	O	O	O	O	O	O	O		?
Gregório de Nazianzo	O	O			O	O	O	O	O	O	O			
Agostinho 393	O	O			O	O	O	O	O	O	O	O		?
Peshitta c. 400	O	O			O	O		O						
Velha Latina														
Jerônimo	O	?	?	?	?	O	?	O	?	?	?	?	?	?
Teodoreto c. 423	O	O			O	O		O						
Codex Alexandrinus	O	O			O	O	O	O	O	O	O	O		
Cod. Bezae					?	?	?	?	?	O	?			
Decreto Gelásio c. 500	O	O	X	X	O	O	O	O	O	O	O	O	X	
Vulgata 546	O	O			O	O	O	O	O	O	O	O		O
Bizantino c. 550	O	O			O	O	O	O	O	O	O	O		
Lutero 1546	?	X			X	O	?	O	?	?	X	X		
Trento 1546	O	O			O	O	O	O	O	O	O	O		

Legendas: O = aceito; X = rejeitado; ? = debatido; M = aceito com modificações

9
As edições do Novo Testamento

Todo leitor do Novo Testamento precisa ter sempre em mente esta evidência: os textos que ele percorre foram escritos numa época muito anterior à [invenção da] imprensa. Isso tem várias consequências. Num período em que não há um processo mecânico de difusão, a reprodução dos textos está sujeita à competência – ou à ignorância – dos escribas: erros de leitura, de ortografia, de substituição de sinônimos, de transposição de letras ou de palavras sobejam. Mais ainda, a clara distinção entre o autor, o editor e o tipógrafo, que a técnica de impressão tornou necessária, não existe: o copista ou o compilador frequentemente se arroga o direito de completar, corrigir, suprimir. O leitor deve lembrar-se também de dois princípios teológicos fundamentais das comunidades cristãs primitivas: de um lado, a crença no retorno iminente de Cristo – por que preocupar-se com perenização e conservação quando se vive um estado provisório? – e, de outro lado, a concepção do Evangelho como uma proclamação oral: a palavra viva prevalece sobre o texto escrito e atualizações são possíveis.

Além disso, a transmissão dos textos está subordinada à história da Igreja e, mais exatamente, *das* Igrejas. Comunidades da clandestinidade e dos pequenos centros regionais nos quatro primeiros séculos, elas multiplicam as tradições, as teologias e os textos. Religião oficial do Império Romano a partir do final do século IV, desfrutando de grande avanço intelectual, ela procura melhorar a situação e pôr ordem em seus textos. Igreja com poder centralizado no final do Império Romano, reagrupada em torno de seus mosteiros e dirigida por seus dois patriarcados principais (Roma e Constantinopla), ela harmoniza o texto do Novo Testamento. Igrejas a braços com a tormenta da Reforma, que pretende retornar ao texto original, fragmentada em múltiplas confissões, elas redefinem dois novos padrões: o *Textus Receptus* grego e a Vulgata Sisto-Clementina latina. Igrejas às voltas com a modernidade filológica a partir do século XVIII, mas também Igrejas despojadas da exclusividade do discurso sobre o Novo Testamento, assistem à elaboração de um texto cientificamente estabelecido – e também participam dela.

Paralelamente, a evolução da transmissão dos textos acompanha o avanço das técnicas escriturais. Originariamente, o texto é transmitido em papiros que foram descobertos pela arqueologia e estão conservados num estado muito fragmentário. Em seguida vem a época dos textos em pergaminho, que foram transmitidos pela instituição eclesiástica, particularmente monástica: no início *unciais*, ou seja, escritos em uncial ou maiúscula, depois em *minúsculas*. Por fim, com a invenção da imprensa, texto mecanicamente reproduzido.

O uso da crítica textual consiste em denominar *testemunhos* todas as cópias anteriores à imprensa, *manuscritos* os textos gregos, *versões* as traduções em latim, copta, siríaco etc., *recensões* o trabalho de edição feito por eruditos para reduzir a diversidade textual.

9.1 Uma multiplicidade de textos (séculos II ao IV)

9.1.1 Um texto primitivo?

Os primeiros estados do texto e a existência de um texto primitivo continuam altamente conjecturais e são cada vez mais questionados. Várias perguntas permanecem sem resposta: o papel da oralidade na transmissão não só das tradições sobre Jesus, mas também na dos primeiros textos; a existência de uma ou várias edições do texto, por exemplo, do Quarto Evangelho, como vimos; a adaptação do texto a teologias e necessidades locais. Os poucos testemunhos conservados não permitem resolver as dificuldades, pois são muito fragmentários: P^{52} (Biblioteca Rylands, Manchester), datado de 125, contém Jo 18,31-33.37-38; P^{66} (Biblioteca Bodmer), datado de cerca de 200, inclui Jo 1-21; P^{75} (Biblioteca Vaticana, antes Biblioteca Bodmer, na Genebra), também datado de cerca de 200, contém Lc 3-24 e Jo 1-15.

9.1.2 As primeiras revisões e as primeiras versões

As *primeiras revisões* foram feitas por Marcião e por Taciano (cf. capítulo 8, anteriormente). Alguns fragmentos da versão marcionita foram preservados no *Contra Marcião*, de Tertuliano, e no *Panarion*, de Epifânio; e conhecemos o *Diatessarão* por uma tradução árabe, um pequeno fragmento grego do século III encontrado em Dura-Europos e a tradução armênia de um comentário de Efrém escrito em siríaco no século IV.

Conhecemos uma primeira versão latina datada de antes da obra de Jerônimo, traduzida em latim menos literário, denominada *Vetus latina*, "Velha Latina" ou *Itala*. Ela sobreviveu em dois estados: um estado "africano", que foi utilizado pelo Bispo Cipriano de Cartago e conservado pelo Codex k Bobbiensis e pelo Codex h Floriacensis (séculos IV-V, provenientes respectivamente do Mosteiro de Bobbio e da Abadia de Fleury em Saint-Benoît-sur-Loire); e um estado "europeu", conservado pelo Codex a Vercellensis e pelo Codex b Veronensis (séculos IV-V, provenientes respectivamente de Vercelli e de Verona).

Conhecemos também uma primeira versão siríaca, batizada "velha siríaca" e representada por dois manuscritos: o sinaítico $sy(r)^s$, manuscrito palimpsesto do final do século IV, descoberto no Sinai em 1892; e o manuscrito de Cureton $sy(r)^c$, do século V, publicado por William Cureton (1808-1864) em 1858.

O interesse por essas primeiras versões não é unicamente documental: mesmo tratando-se de traduções, elas demonstram estados do texto ocasionalmente anteriores aos primeiros manuscritos gregos e podem dar valiosas informações sobre a revisão dos quatro evangelhos e sobre a evolução da composição do cânon.

9.2 A Igreja põe um pouco de ordem (séculos IV ao IX)

9.2.1 *Três recensões formam três estados do texto grego*
Nas comunidades locais, os eruditos lançam-se ao trabalho e revisam os manuscritos. Foi possível identificar três grandes escolas primitivas.

No Egito (Alexandria), o texto alexandrino. Frequentemente o mais curto, mantendo as incorreções em grego, particularmente o estilo rudimentar de Marcos, desde o século XIX, ele é considerado o mais fiel ao estilo original e serve de base para a maioria das edições críticas e traduções modernas. Seus principais representantes são: o Codex Ψ Sinaïticus, datado dos anos 350, descoberto em 1844 no mosteiro Santa Catarina do Sinai por Constantin von Tischendorf, que se apropria dele mais ou menos delicadamente e oferece-o à Rússia, que o venderá ao British Museum [Museu Britânico] em 1917; o Codex A Alexandrinus, do século V para os Atos, as Epístolas e o Apocalipse, copiado no Egito, em posse do patriarca de Alexandria a partir de 1098 e levado para Londres em 1628; o Codex B Vaticanus, do século IV, integrado à Biblioteca Vaticana entre 1475 e 1481; o Codex C Ephraemi Rescriptus, do século V, recoberto no século XII por tratados de Efrém o Sírio, conservado em Paris; o Codex Ψ Athos Laurensis, do século IX, conservado no Monte Atos.

Em Antioquia, o texto sírio-bizantino ou ocidental. Sua prioridade com relação ao texto alexandrino foi contestada antigamente, mas é unanimemente aceita. Ele multiplica as lições corretivas para explicar as dificuldades, harmonizar os evangelhos e reduzir os erros de estilo, particularmente em Marcos – assíndetos, rupturas de estilo, pleonasmos, palavras estrangeiras etc. Para os Atos dos Apóstolos ele às vezes apresenta uma versão muito mais longa do texto (quase sempre mencionada em notas nas edições científicas), o que levou alguns especialistas a considerá-lo mais antigo. Seus principais representantes são: para os evangelhos e os Atos, o Codex D Bezae, do século V, conservado em Lyon a partir do século IX, adquirido por Teodoro de Beza em 1561 e doado à Universidade de Cambridge em 1581; para as epístolas de Paulo o Codex D Claromontanus, do século VI, comprado do Mosteiro de Clermont-en-Beauvaisis por Teodoro de Beza. Essa versão foi usada pelos padres latinos antigos.

Num período mais tardio, certamente em Antioquia da Síria, foi elaborada uma última versão: *a versão bizantina*. Inspirava-se no texto ocidental e no texto alexandrino: conservando as lições expressivas, manifesta grande intenção de elegância e harmonização; corrige sistematicamente os defeitos de estilo. Feita em Constantinopla, tornou-se a versão oficial do patriarcado do Oriente e é utilizada até hoje pela Igreja Ortodoxa grega. Seus testemunhos são os mais numerosos (quase 90% do total); podemos citar, além de uma infinidade de manuscritos minúsculos, o Codex A02 Alexandrinus para os evangelhos, bem como uma série de *códices* "de luxo" do século VI, escritos em pergaminho tingido com púrpura e alguns em tinta dourada: Codex N Purpureus Petropolitanus, Codex O Sinopensis, Codex Φ Beratinus.

Mencionava-se antigamente uma quarta recensão, *o texto cesariano*. Os pesquisadores tentavam reconstruí-lo a partir do Codex Θ Koridethi, conservado durante muito tempo no Mosteiro de Koridethi, Geórgia, e datado do século IX, e de duas "famílias" de manuscritos minúsculos, ou seja, escritos em minúsculas e não mais como os anteriores, em unciais ou maiúsculas: f^1, família "Lake" (século XII) e f^{13}, família "Ferrar" (século XIII). Parece hoje que, ainda que esses manuscritos apresentem similaridades editoriais, não é mais possível agrupá-los numa única recensão coerente.

Três exemplos de divergência entre as recensões

(1) Correção de estilo. Sobre a parábola dos odres (Mc 8,21):

Texto alexandrino (codex ℵ, B, C): "Não se põe vinho novo em odres velhos; senão o vinho rompe os odres e o vinho é perdido, bem como os odres: *põe-se vinho novo em odres novos*".

Texto ocidental (codex D): "Não se põe vinho novo em odres velhos; senão o vinho rompe os odres e o vinho é perdido, bem como os odres".

Evidentemente, o copista do codex D considerou que a repetição era inoportuna e suprimiu-a para dar fluidez ao estilo.

(2) Harmonização com outro Evangelho. Após a multiplicação dos pães (Mc 8,10):

Texto alexandrino (codex ℵ, B, C): "Logo em seguida, ele entrou no barco com seus discípulos e foi para o território de Dalmanutha".

Texto ocidental (codex D): "Logo em seguida, ele entrou no barco com seus discípulos e foi para a região de Magedan".

Texto palestino (codex Θ, f^1, f^{13}): "Logo em seguida, ele entrou no barco com seus discípulos e foi para a região de Magdala".

A leitura "a região de Magedan" é copiada da passagem paralela de Mateus 15,39 e "Magdala" é a forma mais corrente dessa região. O nome "Dalmanutha" não aparece em nenhum outro lugar e sua localização exata é desconhecida, o que talvez explique por que os copistas o mudaram.

(3) Texto longo da recensão ocidental para os Atos dos Apóstolos. Os lictores anunciam a libertação de Paulo e seus amigos, prisioneiros em Trôade (Atos 16,39):

Todas as recensões exceto D: "[Os oficiais] foram falar com eles e, ao libertá-los, pediram-lhes que deixassem a cidade".

Recensão ocidental (D): "*E, indo até a prisão com muitos amigos,* eles lhes pediram *que saíssem, dizendo: 'Ignorávamos vossos assuntos e que éreis homens justos'. E, depois de soltá-los, apressaram-nos com estas palavras: 'Deveis sair desta cidade, para que os que vos perseguiram não se juntem novamente contra vós'*".

D adota uma variante muito mais narrativa, que explicita o raciocínio dos lictores, levando-os a libertar os apóstolos.

9.2.2 Novas versões

Paralelamente a esse trabalho filológico, as traduções multiplicam-se.

Em latim, a *Vulgata* se deve em parte a Jerônimo, nascido na Dalmácia entre 340 e 350. Homem muito culto, teria atendido o pedido do Papa Dâmaso para que produzisse uma versão confiável. Atualmente as circunstâncias desse empreendimento são vistas com cautela, pois uma parte da correspondência entre Jerônimo e o papa poderia ser apócrifa. Dedicando-se a um vasto trabalho de edição, ele traduziu os evangelhos, depois uma parte do Antigo Testamento, para a qual se empenhou em partir da versão em hebraico e não mais da Septuaginta (em grego), como fizera a *Vetus Latina* do Antigo Testamento. Jerônimo tem um estilo muito literário, mas permanece fiel ao texto. Despreza a versão dita ocidental e preferencia o texto bizantino, ao mesmo tempo que consulta o texto alexandrino. Complementado por traduções feitas, entre outros, por Rufino de Aquileia (c. 345-411) e depois adotado pela Igreja do Ocidente, em seguida o texto da Vulgata foi constantemente revisado, mesmo com risco de afastar-se das traduções de Jerônimo. O manuscrito mais famoso é talvez o Codex A Amiatinus, datado do século VIII: lindamente elaborado – calcula-se que foram necessárias cerca de 500 peles de carneiro para confeccioná-lo –, foi descoberto no Mosteiro San Salvatore, de Monte Amiata, ao sul de Siena.

Em siríaco, devemos citar: a *Peshitta*, a "simples", notada sy^p, versão traduzida sobre o texto bizantino, provavelmente no episcopado de Rábula, Bispo de Edessa (411-435); a *versão filoxeniana (sy^{ph})*, produzida por Filoxeno, bispo monofisista de Mabug (c. 485); e a *versão sírio-palestina*, muito influenciada pelo grego.

Em copta (a língua do Egito) há várias versões, em dialetos diversos, entre as quais uma versão em dialeto saídico (cop^{sa}) e uma em dialeto boairico (cop^{bo}).

Numerosas outras línguas podem ser mencionadas: armênio, georgiano, etíope, árabe e gótico, a antiga língua germânica. A versão gótica realizada pelo bispo visigodo Úlfilas é representada pelo Codex Argenteus, escrito com tinta prateada e datado do século VI.

9.3 Do texto padronizado ao texto impresso (séculos IX ao XIX)

Por fim, foram as reviravoltas eclesiásticas e políticas que reduziram a variedade de textos. A conquista árabe pôs fim ao cristianismo egípcio, o que provocou o desaparecimento do texto alexandrino; a adoção do texto bizantino tornara prescrito o texto "ocidental" e o Cisma do Oriente fez dele a versão oficial da Igreja Ortodoxa; a idade de ouro dos mosteiros do Ocidente, o aumento de poder do papado e o emprego sistemático do latim prestigiaram definitivamente a Vulgata. Foi somente na Renascença, que viu a redescoberta da língua grega, e com a Reforma que se interessou pelo texto bíblico, que as coisas mudaram no Ocidente.

9.3.1 Em grego: do *textus receptus* às edições científicas

A redescoberta do texto grego do Novo Testamento começou com guerra uma editorial. Em Toledo, o Cardeal Jiménez de Cisneros lançou o projeto de um vasto trabalho de edição que resultou numa bíblia poliglota impressa em 1520 em Alcalá. Apesar da seriedade do empreendimento, ela teve pouco sucesso. Já a obra atabalhoada de Erasmo – ele utilizou manuscritos tardios do texto bizantino, permitiu-se retoques e ousou retraduzir o final do Apocalipse partindo do latim –, publicada em 1516, teve grande repercussão. Corrigida por Estienne (1551), que realizou um notável trabalho de edição e introduziu a divisão em versículos, e depois por Teodoro de Beza, impressa em seguida pelos irmãos Elzevier em 1624, passou a ser considerada "o texto recebido [*textus receptus*] por todos".

Foi só no século XIX que o *textus receptus* começou a ser criticado pelos filólogos. Griesbach (1745-1812) e depois Lachmann (1793-1851) lançaram as bases de uma edição científica do Novo Testamento, que foi concluída por Tischendorf (1814-1874), bem como por Westcott (1825-1901) e Hort (1828-1892). Paralelamente, o vultuoso trabalho de H. von Soden (1852-1914) possibilitou o estabelecimento da teoria de agrupamento dos diversos textos e deu a primazia para o texto alexandrino, que atualmente é usado como texto de referência grego nas edições Nestle-Aland ou do *Greek New Testament*. Entretanto, algumas vozes se erguem para reabilitar o texto ocidental e, às vezes, o texto bizantino.

9.3.2 Em latim: da Vulgata Sisto-Clementina às edições científicas

O Concílio de Trento, constatando a necessidade de proporcionar uma edição mais confiável da Vulgata, em 1546 solicitou que fosse publicada uma versão corrigida. O trabalho de edição, iniciado em 1586 pelo Papa Sisto-Quinto, produziu em 1590 uma primeira versão, considerada ruim. A tarefa foi retomada e concluída em 1592, sob o papado de Clemente VIII – daí seu nome Vulgata Sisto-Clementina, oficialmente aprovada pela Igreja Católica. No início do século XX, o Papa Pio XI solicitou uma primeira revisão, seguida em 1979 por uma segunda versão: a "Nova Vulgata", publicada por João Paulo II. Paralelamente, uma edição científica da *Vetus Latina* está em andamento.

9.3.3 Uma multiplicidade de traduções

Graças ao trabalho científico executado sobre o texto do Novo Testamento e aos avanços da arte da tradução, um grande número de versões da Bíblia surgiu a partir da Reforma. Isso porque Lutero deu um impulso decisivo à tradução ao recomendar a leitura da Bíblia nas línguas vernáculas e ao traduzi-la pessoalmente para o alemão (1510-1522). Na França, Jacques Lefèvre d'Étaples (1450-1536), de tendência reformadora, elaborou a primeira tradução em francês (1523), corrigida em 1535 por Pierre Olivétan (1506-1538). Na Inglaterra, depois da versão de Matthew (1537), a Bíblia do Rei Jaime (*King James' Version*), publicada em 1611, tornou-se a versão oficial da Igreja Anglicana.

Nos séculos XIX e XX, por iniciativa das sociedades bíblicas protestantes (Cansteinsche Bibelanstalt, depois Württembergische Bibelanstalt e, por fim, Deutsche Biblestiftung, British and Foreign Bible Society, Alliance biblique française), o Novo Testamento foi traduzido em mais de 500 línguas e, algumas passagens, em 1978 línguas. Estima-se que de 1815 a 1984 cerca de três bilhões de exemplares tenham sido impressos.

Anexos

1
Resumo para localizar-se dentro do Novo Testamento

Onde encontrar o milagre da Tempestade Acalmada? Qual evangelista fala dos magos vindos do Oriente? Para compreender um quadro, uma referência literária, frequentemente é muito útil poder situar-se dentro dos evangelhos, e esta introdução não ficaria completa sem um pequeno "guia de localização". Sua única pretensão é ser uma sinopse prática e simples.

Ao contrário das sinopses clássicas, ela é temática e não procura conciliar a cronologia dos quatro evangelhos.

1.1 A tela em comum dos Evangelhos

Os quatro evangelhos, como dissemos, não podem ser postos rigorosamente em paralelo. Entretanto, coincidem num mesmo esquema cronológico em três momentos: o início da pregação pública, a prisão de Jesus e sua Paixão, crucificação e ressurreição.

	Mateus	Marcos	Lucas	João
Jesus é batizado por João Batista. O batismo de Jesus constitui o início da vida pública de Jesus	3,1-17	1,2-11	3,1-23	1,15-34
Jesus chama discípulos. O número e o nome desses discípulos (frequentemente designados como "os apóstolos") variam de um Evangelho para outro	4,18-22	3,13-19	6,12-16	1,35-51
Jesus faz uma entrada triunfal em Jerusalém. Montado num burrico, Jesus entra como um rei em Jerusalém; Mateus liga essa entrada a uma profecia de Isaías	21,1-11	11,1-11	19,29-44	12,12-19
Jesus expulsa os mercadores do templo. Episódio comum a todos os evangelhos, embora João o coloque no fim da vida pública; dá uma explicação política para a morte de Jesus: ele põe em risco os recursos financeiros da aristocracia. João faz uma leitura teológica	21,12-16	11,15-18	19,45-48	2,14-25
A última refeição. Comum aos quatro evangelhos, a última ceia é tratada de modos diferentes. Marcos, Lucas e Mateus colocam nela um relato da instituição da Eucaristia. João substitui essa instituição pela do lava-pés e faz da ceia o lugar de um ciclo de grandes discursos	26,17-35	14,12-31	22,7-38	13–17
Conspiração contra Jesus, traição de Judas. Judas é designado por Jesus no decorrer da última ceia	26,14-16, 21-25	14,1-11, 18-21	22,1-6, 21-23	13,21-30
Anúncio da negação dos apóstolos	26,31-35	14,27-31	22,31-38	13,36-38
Prisão	26,47-56	14,43-52	22,47-53	18,1-12
Jesus diante de Caifás, o sumo sacerdote. Jesus é condenado pelos judeus	26,57-58	15,53-65	22,54	18,15-23
Negação de Pedro	26,69-75	14,66-72	22,55-62	18,25-27
Jesus diante de Pôncio Pilatos, o procurador. Jesus é condenado pelos romanos	27,2-14	15,1-5	23,1-5	18,28-38
Barrabás. Barrabás é um ladrão que a multidão prefere a Jesus para exercer seu direito de conceder graça	27,15-26	15,6-15	23,13-25	18,39-40
Condenação	27,26	15,15	23,25	19,13-16
Crucificação	27,32-38	15,22-28	23,33	19,17-24
Morte de Jesus	27,50	15,37	23,46	19,28-30
Sepultamento	27,57-66	15,42-47	23,50-55	19,38-42
As mulheres no túmulo	28,1-7	16,2-7	24,1-8	20,1-18

1.2 Os relatos da infância

A respeito do que precede a vida pública, os evangelhos divergem-se. Marcos ignora totalmente os acontecimentos; João substitui o relato por um prólogo teológico que assimila Jesus ao Verbo (*lógos*) de Deus; Mateus centraliza sua narrativa em José, na adoração dos magos e na fuga para o Egito; Lucas, o mais eloquente nas duas anunciações (a Maria, a Zacarias) e nas duas apresentações no Templo (alguns dias após o nascimento e na adolescência).

Tabela 2.1 João: o lógos

O Verbo	1,1-14

Tabela 2.2 Mateus: os magos e a fuga para o Egito

Genealogias	1,1-17
Suspeitas de José	1,19-25
Adoração dos Magos	2,1-12
Fuga para o Egito & retorno do Egito	2,13-23

Tabela 2.3 Lucas: duas visitações e duas anunciações

João Batista anunciado a Zacarias	1,5-25
Anunciação	1,26-38
Visitação	1,39-56
Nascimento de João Batista	1,57-80
Natividade	2,1-20
Apresentação no Templo	2,22-39
Jesus entre os doutores	2,41-50
Vida em Nazaré	2,51-52

1.3 Principais acontecimentos da vida de Jesus fora da tela em comum

Aqui procuramos seguir a ordem da narrativa.

Tabela 3.1 Durante a vida pública

	Mateus	Marcos	Lucas	João
Tentação no deserto	4,1-11	1,12-13	4,1-13	
"Tu és Pedro"	16,13-20	8,27-30	9,18-21	
Zaqueu			19,1-10	
Morte do Batista	14,1-12	6,14-29	9,7-9	
A pecadora perdoada			7,36-50	
A mulher adúltera				8,1-11
Jesus em casa de Marta e Maria			10, 38-42	

Tabela 3.2 Curas e milagres

	Mateus	Marcos	Lucas	João
As bodas de Caná				2,1-11
Multiplicação dos pães	14,13-21	6,30-44	9,10-17	6,1-15
Multiplicação dos sete pães	15,31-39	8,1-10		
Milagre da moeda na boca do peixe	17,24-27			
Tempestade acalmada	8,23-27	4,35-41	8,22-25	
Caminhada sobre a água	14,22-36	6,45-52		6,16-21
Transfiguração	17,1-13	9,2-12	9,28-36	
Cura da sogra de Pedro	8,14-17	1,29-31	4,38-39	
Cura da filha de Jairo	9,18-26	5,21-43	8,40-56	
Cura na piscina probática				5,1-47
Cura de leprosos	8,2-4	1,40-45	5,12-14	
Cura do servo do centurião	8,5-13		7,1-10	
Cura do endemoniado surdo-mudo	12,22-37	7,31-37	11,14-26	
Cura da filha da siro-fenícia	15,21-28	7,24-30		
Cura dos cegos de Jericó	20,29-34	10,46-52	18,35-43	
Ressurreição do filho da viúva de Naim			7,11-17	
Ressurreição de Lázaro				11,1-45

Tabela 3.3 principais ensinamentos

	Mateus	Marcos	Lucas	João
Conversa com Nicodemos				3,1-21
Conversa com a samaritana				4,4-42
Sermão da Montanha	5,1-7		6,17-49	
Discurso da missão	9,11-35	6,7-13	9,1-6	
Discurso sobre o Pão da Vida				6,22-72
Discurso sobre a pureza interior	15,1-20	7,1-23		
Discurso sobre a vida fraternal	18,15-35			
Pregação no Templo				7,11-53
Discurso sobre o Filho de Deus				8,12-59
Discurso sobre o Bom Pastor				10,1-21
Discurso evangélico			12,1-59	

Tabela 3.4 Parábolas

	Mateus	Marcos	Lucas	João
A semente	13,3-23	4,2-25	8,4-18	
O trigo e o joio	13,24-43			
O grão de mostarda	13,31-32	4,30-34		
O fermento	13,33			
O tesouro escondido	13,44			
A pérola	13,45-46			
A rede	13,47-51			
A ovelha perdida, o dracma perdido, o filho pródigo	18,2-14		15,1-32	
O Bom Samaritano			10,25-37	
A figueira estéril			13,1-9	
O banquete			14,7-24	
O administrador infiel			16,1-18	
O rico mau			16,19-31	
Os trabalhadores da vinha	20,1-16			
Os dois filhos	21,28-32			
Os lavradores homicidas	21,33-46	12,1-12	20,9-19	
Os convidados para as bodas	22,1-14			
As dez virgens	25,1-13			
Os talentos	25,13-30			

1.4 Passagens célebres fora do Novo Testamento

1.4.1 Atos dos Apóstolos

Ascensão: At 1

Pentecostes: At 2

Estêvão e seu martírio: At 6-8

Filipe e o eunuco: At 8,26-40

"Conversão" de Paulo: At 9,1-31

Paulo escarnecido pelos filósofos de Atenas: At 17,16-34

Naufrágio de Paulo: At 27

1.4.2 As Cartas

Os sofrimentos dos apóstolos: 1Cor 4,1-13; 2Cor 6,3-13
"Tudo me é lícito, mas nem tudo convém": 1Cor 6,12
"Judeu entre os judeus, grego entre os gregos": 1Cor 9,19-23
Os dons do Espírito: 1Cor 12
Hino à caridade: 1Cor 13
O querigma e a ressurreição dos mortos: 1Cor 15
As visões de Paulo e o espinho na carne: 2Cor 12,1-10
"Deus enviou a nossos corações o Espírito de seu Filho que clama: '*Abba*, Pai!'": Gl 4,1-7
Hino da Epístola aos Efésios: Ef 1,3-14
A armadura de Deus: Ef 6,10-20
Hino da Epístola aos Filipenses: Fl 2,5-11
Hino da Epístola aos Colossenses: Cl 1,15-20
O destino dos mortos: 1 Ts 4,13-18
"Combati o bom combate": 2Tm 4,6-8
A língua, causa de mal: Tg 3
"Pedra viva": 1Pd 2,4-10
O mandamento antigo e o mandamento novo: 1Jo 2
Viver como filho de Deus: 1Jo 3
Reconhecer o que vem de Deus: 1Jo 4

1.4.3 Apocalipse

O Cordeiro de Deus: Ap 5
Os sete selos: Ap 6-8
As sete trombetas: Ap 8,6-11; 19
A mulher e o dragão: Ap 12
As duas bestas: Ap 13
A grande prostituta: Ap 17
A nova Jerusalém: Ap 21,9-22; 5

2
Métodos e atores da interpretação do Novo Testamento

Como todos os textos literários, o Novo Testamento foi submetido a uma grande variedade de interpretações. Os exegetas frequentemente acompanharam a evolução da crítica literária e às vezes precederam-na. De início interessaram-se majoritariamente pelos autores e seu contexto de produção, para em seguida ocuparem-se do texto em si e de seus leitores.

2.1 Análise das circunstâncias de produção: o mundo por trás do texto

A primeira forma de crítica procura inserir o texto na história: quem é seu autor? Que influências ele sofreu? Como se relaciona com o contexto social e cultural da época? Apesar de diversas, as diferentes técnicas de análise geralmente são agrupadas sob o título de *método histórico-crítico*.

2.1.1 Crítica das fontes

Primogênita na interpretação do Novo Testamento, a crítica das fontes nasce já no século XVIII. Investiga quais são as fontes utilizadas pelo autor do texto. Tenta, portanto, distinguir as influências hebraicas, judaicas (particularmente do judaísmo da Diáspora), greco-romanas, orientais etc. Interessa-se também pelos documentos explorados pelos autores: primeiras redações dos evangelhos, tradições, compilações de falas de Jesus etc. Uma das grandes preocupações da crítica das fontes foi a identificação e a análise da fonte Q para resolver o problema sinóptico. Mais recentemente, ela investiu em novos âmbitos, como a investigação da literatura intertestamentária (escrita entre o final da redação do Antigo Testamento e a do Novo Testamento), bem como na avaliação das luzes proporcionadas pelos textos apócrifos.

2.1.2 Escola da História das Formas (Formgeschichte)

Surge no final do século XIX, impulsionada pelos trabalhos de Gunkel, e reconhece duas obras fundadoras: *Die Formgeschichte des Evangeliums*, de Martin Dibelius (Tübingen, 1919), e *Die Geschichte der synoptischen Tradition*, de Rudolf Bultmann (Göttingen, 1921). Interessa-se prioritariamente pela formação dos evangelhos, postulando que o gênero evangélico é na verdade uma estrutura artificial que combina uma série de pequenas unidades (as perícopes) com formas bem estereotipadas. Cada forma dessas se explica pelo contexto de produção (o *Sitz im Leben*, [contexto vital]): a *Formgeschichte* assimila-o – e isso lhe foi muito criticado – a grupos cristãos de origem popular dispostos a forjar narrativas e tradições. Devemos a essa escola a identificação de numerosas formas, divididas em falas e narrativas. Entre as falas, podemos assinalar os apotegmas (falas enquadradas por uma narrativa) e as sentenças de Jesus (falas proféticas, apocalípticas, parábolas etc.). Entre as narrativas, as lendas biográficas e os milagres. Bultmann analisou, por exemplo, a forma do relato de milagre em três etapas (*Die Erforschung der synoptischen Evangelien*, Berlim, 1966): uma exposição do estado do doente, o relato da cura propriamente dita e a conclusão em dois tempos; admiração das testemunhas e comprovação do sucesso da cura.

2.1.3 Escola da História da Redação (*Redaktionsgeschichte*)

Sucedendo a crítica das fontes e a *Formgeschichte*, a *Redaktionsgeschichte* tenta definir a parte pessoal do redator no estabelecimento do texto: como ele interpretou suas fontes? Evidentemente, isso pressupõe que se tenha uma ideia de tais fontes, que quase sempre são descobertas por reconstrução teórica. Dois clássicos da *Redaktionsgeschichte* devem ser citados: *Der Evangelist Markus*, de Willi Marxsen (Göttingen, 1956) e *Die Mitte der Zeit*, de Hans Conzelmann (Tübingen, 1954).

2.1.4 Métodos das ciências sociais

Enfocam o contexto social e cultural do cristianismo primitivo, utilizando as abordagens empregadas pelas ciências sociais e o que se costuma denominar "nova história": definição das condições econômicas, descrição das classes sociais, das condições de vida, das condições materiais da escrita. Assim, esses métodos destacam a origem majoritariamente urbana das primeiras comunidades e a composição social dos movimentos cristãos. Recorrem à antropologia social e à etnologia.

2.2 Análise metatextual: o mundo do texto

Os textos do Novo Testamento são testemunhos históricos, mas são também obras literárias. A interpretação neotestamentária, portanto, inspira-se também em métodos provenientes da crítica literária.

2.2.1 Crítica textual

A crítica textual remonta, como vimos, às primeiras recensões neotestamentárias. Seu objetivo é reconstituir o "melhor" texto, ou seja, o texto mais próximo do original. Procede por confrontação de testemunhos (rolos de papiros, códices etc.) e por análise das variantes.

2.2.2 Métodos estruturais

Inspirada no estruturalismo e sua aplicação à literatura por Algirdas Greimas, a semiótica estuda o texto em sua "imanência", ou seja, fora de toda e qualquer consideração exterior a ele. Postula que o sentido do texto é gerado no texto em si, pela interação de seus diversos elementos. Num primeiro nível manifestam-se figuras estilísticas, jogos com a temporalidade gramatical, lugares etc. Num segundo nível, evidenciam-se estruturas formais superficiais. Esse segundo tempo identifica a estrutura lógica do texto: os atores, as relações de causa e efeito, as ligações temporais etc. Assim, uma narrativa desenvolve-se em torno de quatro tempos: a *manipulação*, em que se convence um ator a efetuar algo; a *competência*, em que o ator adquire a possibilidade de realizar a ação; a *performance* ou realização da ação; a *sanção* ou avaliação do novo estado produzido pela ação. Num terceiro nível é revelada a estrutura profunda do texto, em que é globalmente explicada a estrutura semiótica do texto estudado.

2.2.3 Métodos narrativos

Esses métodos se inspiram na análise narrativa, que surgiu nos anos 1970 em torno de Gérard Genette e, na área filosófica, de Paul Ricœur. Costuma-se citar como seu ponto de partida o livro de Robert Alter: *The art of biblical narrative* [*A arte da narrativa bíblica*] (Nova York, 1981). Eles estudam o mundo do texto em si mesmo, sem fazer juízos sobre a existência histórica dos acontecimentos que ele narra e dos personagens que cria. A crítica narrativa analisa os diferentes aspectos da história utilizando os conceitos literários de narrador, personagem, intriga, peripécia, e mostra as técnicas literárias empregadas pelo autor.

2.2.4 Crítica retórica

A crítica retórica parte de um postulado simples: as obras antigas foram largamente inspiradas por uma *ars rhetorica* cujo objetivo é fornecer ao autor ou ao redator os processos já comprovados (e teorizados num segundo momento) destinados a convencer um auditório ou um leitor. Assim, ela confronta os textos com os tratados de retórica e as obras dos oradores, a fim de detectar as influências que possam ter exercido.

2.3 Análise da recepção do texto: o mundo adiante do texto

Tradicionalmente, os cristãos leram a Bíblia não como um livro de história ou uma obra literária, mas como um texto que porta um significado religioso. A teologia sempre considerou o texto em sua atualidade, tentando extrair o sentido que ele podia ter para o leitor contemporâneo. A partir dos anos 1980, numerosas leituras, em grande parte provenientes de além-Atlântico, adotaram esse ponto de vista. A maioria declara uma abordagem "pós-moderna", que equivale a criticar as leituras anteriores em nome da heterogeneidade dos possíveis leitores: tendo em vista que a maioria dos intérpretes da Bíblia foram homens brancos ocidentais; qual leitura pode fazer uma mulher? um negro? um habitante do Terceiro Mundo?

Surgiram assim muitas críticas ideológicas. Podemos citar particularmente a crítica feminista, que geralmente reconhece sua fundadora em Elisabeth Schüssler-Fiorenza e seu livro *In memory of her* (Nova York, 1983): depois de constatar a dominação patriarcal que pesa sobre o Novo Testamento, essa crítica destaca a influência das mulheres no cristianismo primitivo (principalmente por meio de Maria e Maria Madalena) e quase sempre defende uma reconsideração do papel delas nas igrejas atuais. Podemos citar também as críticas terceiro-mundistas que enfatizam o caráter libertador da mensagem de Jesus. E, por fim, as críticas ditas "das minorias" (homossexuais, raciais etc.), que procuram na análise do texto argumentos em favor de suas reivindicações.

Ao lado dessa atenção direcionada para os *leitores*, outra corrente, inspirada nas teorias hermenêuticas de Hans-Georg Gadamer, enfocou as *leituras* e sua *historicidade*: a *história da recepção* do texto, ilustrada, por exemplo, pelo projeto lançado pela Escola Bíblica de Jerusalém, de uma Bíblia enriquecida pelas diferentes leituras que dela foram feitas, a *Bíblia em suas tradições*.

Cronologia

Acontecimentos políticos	Acontecimentos ligados ao cristianismo
Augusto (27 a.C.-14 d.C.)	
(19 a.C.) 21 de setembro: Morte de Virgílio	
(2 a.C.) 5 de fevereiro: Augusto é nomeado "pai da pátria" pelo Senado	(c. 6 a.C.): Nascimento de Jesus
(3 d.C.): Expedição contra os partas, que se apossaram da Armênia	(4 a.C.): Morte de Herodes o Grande
(9 d.C.): Os germanos massacram o exército de Q. Varo na Germânia, na Floresta de Teutoburgo	(6 d.C.): Anexação da Judeia
Tibério (14-37 d.C.)	
(14 d.C.) 26 de setembro: Druso chega à Panônia à frente de um exército	
(15 d.C.): Sejano é nomeado prefeito do pretório	
(19 d.C.) 10 de outubro: Germânico, sobrinho e filho adotivo de Tibério, morre envenenado em Antioquia	
(20 d.C.): Suicídio de Píson	
(21 d.C.) Janeiro: Tibério retira-se para Campânia	
	(26 d.C.): Pôncio Pilatos é nomeado governador da Judeia
	(30 ou 33 d.C.): Condenação e execução de Jesus na Judeia
(31 d.C.) 17 de outubro: Prisão, condenação e execução de Sejano	(c. 30-37 d.C.): Martírio de Estêvão e migração dos helenistas para Antioquia. Conversão de Paulo (c. 34?) e primeira visita a Jerusalém

Acontecimentos políticos	Acontecimentos ligados ao cristianismo
Calígula (37-41 d.C.)	
(38 d.C.): Suicídio de Macro, prefeito do pretório	
(39 d.C.) Janeiro: Processos e condenações de muitos cidadãos romanos	
(39 d.C.) 2 de setembro: Calígula destitui os dois cônsules em exercício	
(40 d.C.) Junho: Instauração de taxas destinadas a restabelecer as finanças públicas	
Claudio (41-54 d.C.)	
(43 d.C.): A Bretanha (Inglaterra) torna-se província romana	(44 d.C.): Decapitação de Tiago
(48 d.C.): Conjuração de Messalina contra Claudio	(44 d.C.): A Judeia volta a ser província romana
	(46-51 d.C.): Série de viagens de Paulo e Barnabé em torno de Antioquia
	(49-50 d.C.): Expulsão dos judeus de Roma. "Assembleia" de Jerusalém (?)
	(c. 51 d.C.): Primeira Epístola aos Tessalonicenses

Acontecimentos políticos	Acontecimentos ligados ao cristianismo
Nero (54-68 d.C.)	
(55 d.C.) Fevereiro: Assassinato (envenenamento?) de Britânico, filho de Claudio	(c. 54-58 d.C.): Atividade missionária de Paulo. Escrita da correspondência com os gálatas, os coríntios, os filipenses, Filêmon, os romanos
(57 d.C.): Campanha de Córbulo na Armênia contra os partas	(58-60 d.C.): Paulo é preso em Jerusalém e, depois, em Cesareia. Ele vai para Roma
(59 d.C.) Março: Assassinato de Agripina por ordem de Nero	
(60 d.C.): Revolta da rainha celta Boadiceia (Boudica) contra a ocupação romana na Grã-Bretanha	
(62 d.C.) 19 de junho: Otávio é executado por ordem de Nero. Casamento de Nero e Popeia	(62 d.C.): Morte de Tiago de Jerusalém
(64 d.C.) 18 de julho: Incêndio de Roma (até 27 de julho), início das perseguições aos cristãos de Roma. (Abril de 65 d.C.): Fracasso da conspiração de Píson, execução dos participantes. Suicídio de Sêneca, envolvido na conspiração	(Entre 60 e 68 d.C.): Morte de Paulo. (64 ou 68 d.C.): Morte de Pedro
	(66 d.C.): Início dos distúrbios em Cesareia, depois em Jerusalém. Vespasiano é enviado à Judeia para reprimir a revolta
	(66 d.C.) Agosto: Tomada da fortaleza Antônia pelos rebeldes. Massacre da população judia em Cesareia
(68 d.C.): Rebelião contra Galba, governador da Espanha Terraconense	(68 d.C.) 3 junho: Os exércitos de Vespasiano chegam diante de Jericó

Acontecimentos políticos	Acontecimentos ligados ao cristianismo
Os três imperadores (68-69 d.C.) Vespasiano (69-79 d.C.)	
	(70 d.C.) Julho: Os exércitos de Tito entram em Jerusalém
	(70 d.C.) 8 de setembro: Tomada e incêndio de Jerusalém pelos exércitos romanos
	(73 d.C.) 2 de maio: Tomada de Massada, última cidade revoltada da Judeia
	(c. 65-75 d.C.): Edição do Evangelho de Marcos, escrita de Hebreus e da Epístola de Tiago
Tito (79-81 d.C.)	
(79 d.C.) 24 de agosto: Erupção do Vesúvio, provocando a destruição de Pompeia e Herculano	(Anos 80 d.C.): Edição dos Evangelhos de Mateus e de Lucas + Atos dos Apóstolos. Escrita das epístolas pastorais, da Primeira Epístola de Pedro
(80 d.C.): Inauguração do Coliseu, por Tito	
Domiciano (81-96 d.C.)	
(83 d.C.): Campanha de Domiciano na Germânia	(Fim dos anos 80 d.C.): Escrita das epístolas de João (?)
	(93 d.C.): Sanções contra os judeus, os cristãos e oposição senatorial. (c. 96 d.C.): Escrita do Apocalipse, que faz referência aos abusos sob Domiciano

Acontecimentos políticos	Acontecimentos ligados ao cristianismo
Nerva (96-98 d.C.) Trajano (98-117 d.C.)	
(105 d.C.): Segunda guerra da Dácia (até 107 d.C.)	(c. 100 d.C.): Última redação do Evangelho de João
(114 d.C.): Início da campanha contra os partas (até 117 d.C.)	(115-117 d.C.): Insurreições de comunidades judaicas da Diáspora
Adriano (117-138 d.C.)	
(122 d.C.): Início da construção da "Muralha de Adriano"	(c. 120 d.C.): Escrita da Segunda Epístola de Pedro
(123 d.C.): Tratado de paz com os partas	
	(132 d.C.): Início da revolta judaica na Judeia, liderada por Simão Bar-Kokhba (ou Barcoquebas)
	(135 d.C.): Sufocamento da revolta judaica

Glossário
Termos úteis para os estudos bíblicos

Antigos
Dirigentes das comunidades primitivas.

Apocalíptico
Gênero literário que surgiu por volta do século III a.C., abrangendo a revelação de acontecimentos e conhecimentos obtidos em sonhos ou em visões. Geralmente essas revelações dizem respeito ao final do mundo e da humanidade (escatologia).

Apócrifo
Designa as obras que não foram incluídas no cânon cristão: há evangelhos apócrifos, cartas apócrifas, apocalipses apócrifos etc. Às vezes – mas nem sempre –, esses livros foram considerados heréticos pelas correntes majoritárias das comunidades cristãs dos primeiros séculos.

Assembleia de Jerusalém
Reunião dos principais líderes das comunidades, relatada pela Epístola aos Gálatas e pelos Atos dos Apóstolos. Datada

provavelmente do final dos anos 40 d.C., teria como objetivo avaliar a missão de Paulo para os não judeus.

Cânon ou cânone
Lista dos livros do Novo Testamento.

Dia (ou Dia do Senhor)
Momento crucial da escatologia: aquele em que Cristo retorna à Terra para julgar os vivos e os mortos e reinar sobre o mundo.

Diáspora
O conjunto dos judeus vivendo fora da Judeia. Frequentemente, são mais influenciados pela cultura greco-romana.

Didaquê
Título de um livro descoberto em 1873 em Constantinopla (em grego, *Didake* significa "ensinamento"). Trata-se do mais antigo manual de disciplina eclesiástica: dá instruções sobre o batismo, a eucaristia, os dirigentes da comunidade.

Discípulo Amado
Nome dado a um dos discípulos de Jesus no Evangelho de João. O Discípulo Amado foi frequentemente confundido com o autor do Quarto Evangelho.

Divino Afflante Spiritu
Encíclica do Papa Pio XII, datada de 1943. Muitos biblistas católicos consideram-na uma guinada para uma exegese reconciliada com os métodos históricos. [O título significa *Inspirada pelo Espírito Santo*.]

Docetismo
Conjunto de pensamentos cristãos que afirmam que Jesus não teria realmente encarnado ou não teria realmente morrido na

Cruz. A humanidade de Cristo, portanto, teria sido apenas uma ilusão (em grego, *dokein* = parecer).

Epíscopo
Título dos dirigentes das comunidades primitivas encarregados de supervisioná-las (*episkopein* = vigiar algo). *Epískopos* deu origem à palavra "bispo".

Essênios
Tendência do judaísmo da época de Jesus. Os essênios, considerando o Templo maculado pela nomeação de um asmoniano como sumo sacerdote, retiraram-se para o deserto a fim de ali viverem uma vida ascética e comunitária, influenciada por crenças apocalípticas.

Exegese
Arte de interpretação da Bíblia.

Fariseus
Tendência do judaísmo da época de Jesus, tradicionalmente considerada ancestral do judaísmo rabínico de hoje. Segundo Flávio Josefo (*Antiguidades judaicas*, 13 e 18), eles se distinguem por três características: além da Lei escrita, respeitam uma Lei oral constituída pela interpretação da Lei escrita; acreditam na Ressurreição; estimam que as ações humanas são condicionadas ao mesmo tempo pela vontade de Deus e pela liberdade humana. Os Evangelhos os apresentam como um grupo hipócrita, ou porque em muitos pontos os ensinamentos de Jesus coincidiam com os seus e era preciso distinguir-se deles, ou porque em algumas sinagogas eles concorriam com os cristãos.

Filho do Homem, Filho de Deus
Títulos messiânicos atribuídos a Jesus.

Gentios ou pagãos ou nações ou gregos ou "os da circuncisão"
Essas diversas expressões que se encontram nos textos neotestamentários ou que são herdadas da história designam todos aqueles que não são de origem judaica.

Gnose
Outrora considerada uma tendência do cristianismo designada como "herética" pelos Padres da Igreja, como Irineu de Lyon ou Epifânio de Salamina. A gnose afirmaria a primazia do saber para alcançar a salvação. Hoje parece que essa designação é essencialmente polêmica. Ela permitia que os heresiólogos agrupassem numa mesma aversão comunidades diversas: místicos, tendências filosóficas, movimentos hiperascéticos que repudiavam as relações sexuais etc.

Igreja
Para designar as comunidades cristãs, os textos neotestamentários usam o termo grego *ekklesía*, que significa "assembleia". Por intermédio do latim *ecclesia*, o termo deu origem à palavra "Igreja". Preferimos aqui o termo "comunidade", que é menos conotado teologicamente.

Judaísmo sinagogal
Durante muito tempo tendeu-se a identificar o judaísmo das sinagogas com o judaísmo farisaico ou rabínico; mas trabalhos recentes mostram que os rabinos assumiram o controle definitivo de todas as sinagogas somente num período bastante tardio (não antes do século V). Assim, durante os primeiros séculos de nossa era coexistiram o movimento cristão, o movimento farisaico e depois o rabínico, e também um "judaísmo sinagogal" ainda pouco conhecido.

Judeu
Os textos antigos não distinguem entre as pessoas originárias da Judeia e os judeus, praticantes da religião judaica; falam apenas de *ioudaïoi*. De fato, trata-se de uma distinção moderna, visto que o conceito de religião não existe e que as crenças religiosas estão sempre ligadas a uma origem geográfica, étnica e social. Conservamos o hábito de falar de "judeus" para designar os que creem em Javé, mas é preciso ter sempre em mente que o termo tem também um significado étnico: os "judeus" são aqueles que habitam a Judeia ou são originários dela e observam as leis e os costumes vindos da Judeia[1].

***Lógos* (ou Verbo)**
Nome dado a Jesus no prólogo do Evangelho de João (Jo 1); significa: "palavra".

Padres da Igreja, patrística
Os Padres (ou Pais) da Igreja são os escritores e teólogos dos primeiros séculos do cristianismo. Patrística é a disciplina científica que os estuda.

Parúsia
Retorno de Jesus à Terra no "Dia do Senhor". Em grego, *parousía* significa "presença".

Pastorais (epístolas)
Grupo de epístolas atribuídas a Paulo (Primeira e Segunda a Timóteo, Epístola a Tito), assim denominadas porque se centralizam na conduta da comunidade.

---

1. Quando, ao referir-se especificamente a pessoas originárias ou habitantes da Judeia, o autor deste texto, para mais precisão, diz "*les Judéens*", quase sempre entre aspas e contrapondo-se a gregos e a romanos, esse termo étnico foi traduzido por "os da Judeia" [N.T.].

Perícope
Passagem bíblica selecionada para estudo.

Pseudoepigráfico
Esse adjetivo é um quase-sinônimo de "pseudonímico": as obras pseudoepigráficas não têm como autor real aquele sob cujo nome são postas. Assim, a Epístola aos Efésios e as epístolas pastorais de Paulo foram atribuídas a Paulo, mas quase seguramente são de um de seus discípulos.

Q (fonte)
Fundo de anedotas e de falas de Jesus, reconstituído pelos pesquisadores; utilizado por Mateus e Lucas, mas não por Marcos.

Quarto Evangelho
O Evangelho de João, o quarto na ordem dos Evangelhos.

Querigma
Conjunto de fórmulas-choque herdadas da pregação que condensam o essencial da primeira teologia cristã.

Qumrân
Local onde foram descobertos, em 1947, os Manuscritos do Mar Morto, atribuídos à seita dos essênios.

Saduceus
Tendência do judaísmo da época de Jesus e sobre a qual quase nada se sabe. Flávio Josefo assimila-os a judeus da elite: "Essa doutrina interessou somente a alguns; estes, porém, são de alta posição" (*Antiguidades judaicas*, 18, 17). Atribui-lhes três crenças: a alma não sobrevive à morte (portanto, não creem na Ressurreição); os homens são totalmente livres para fazer o bem ou o mal; não há outra regra a ser seguida além das que estão inscritas na Torá (não há uma lei oral, como entre os fariseus).

Sinópticos
Designa os três Evangelhos que podem ser postos em sinopse (em paralelo): Marcos, Mateus, Lucas.

Talmud
Compilação das interpretações da Torá, feita a partir de 200 d.C.

Targum
Tradução-interpretação do Antigo Testamento destinada aos judeus que não compreendiam o hebraico, mas falavam aramaico.

Torá
Nome hebraico da Lei judaica.

Vaticinium ex eventu
Característica frequente do discurso apocalíptico: trata-se de uma espécie de ilusão retrospectiva pela qual o narrador finge posicionar-se antes da ocorrência de acontecimentos que já se passaram (identificando-se, por exemplo, com Adão), a fim de parecer que os está anunciando e justificando. [A expressão significa "profecia após o acontecimento".]

Versículo
Divisão do texto bíblico. Assim como a divisão em capítulos, a divisão em versículos é muito tardia. Nos estudos bíblicos, costuma-se dar uma referência citando a abreviação do nome do livro – a lista dessas abreviações está no início de todas as bíblias –, o número do capítulo e o número do versículo.

Vulgata
Tradução latina da Bíblia, iniciada por São Jerônimo e revisada ao longo dos séculos.

Bibliografia

Bibliografia em francês

A bibliografia sobre o Novo Testamento é imensa. A lista seguinte sugere as obras introdutórias e os principais manuais úteis para um primeiro contato.

Livros gerais de iniciação

FOCANT, C.; MARGUERAT, D. *Le Nouveau Testament commenté*. Paris: Bayard, 2013.

NOBEL, L. *Introduction au Nouveau Testament*. Paris: Cerf, 2017. (Mon ABC de la Bible.)

NODET, E. *L'Odyssée de la Bible*. Paris: Cerf, 2014.

Para estudo do texto

BENOÎT, P.; Boismard, M.-É. *Synopse des quatre Évangiles*. 5. ed. Paris: Cerf, 2015. (Uma sinopse põe em paralelo os textos dos quatro Evangelhos.)

CONCORDANCE DE LA BIBLE TOB. Paris: Cerf: Société biblique française, 1993. (Uma concordância enumera todas as palavras do texto e dá seu contexto.)

DUFF, J. *Initiation au grec du Nouveau Testament.* Paris: Beauchesne, 2010.

NESTLE, E. *et al.* (Eds.). *Novum Testamentum graece.* 28. ed. Stuttgart: Deutsche Bibelstiftung, 2012. (Edição científica do texto grego).

Instrumentos de estudo

LÉON-DUFOUR, X. (Dir.). *Dictionnaire du Nouveau Testament.* 3. ed. Paris: Seuil, 1996. (Livre de Vie).

LÉON-DUFOUR, X. (Dir.). *Vocabulaire de théologie biblique.* 14. ed. Paris: Cerf, 2013.

PARIZET, S. (Dir.). *La Bible dans les littératures du monde.* Paris: Cerf, 2016.

Sobre o ambiente histórico e literário

BASLEZ, M.-F. *Jésus.* Dictionnaire historique des Évangiles. Paris: Omnibus, 2017.

BOYARIN, D. *La Partition du Judaïsme et du Christianisme.* Paris: Cerf, 2011.

BOYARIN, D. *Le Christ juif.* À la recherche des origines. Paris: Cerf, 2013.

GRAPPE, C. *Initiation au monde du Nouveau Testament.* Genebra: Labor et Fides, 2010.

ISBOUTS, J.-P. *Atlas historique du monde biblique.* Paris: Prisma, 2016. (National Geographic).

MIMOUNI, S. C. *Le Judaïsme ancien du VIe siècle avant notre ère au IIIe siècle de notre ère*: des prêtres aux rabbins. Paris: Puf, 2012.

MIMOUNI, S. C.; MARAVAL, P. *Le Christianisme des origines à Constantin.* Paris: Puf, 2006.

PERROT, C. *Jésus.* 7. ed. Paris: Puf, 2019. n. 3300. (Que sais-je?).

Bibliografia em português

BASLEZ, M.-F. *Jesus*: dicionário histórico dos evangelhos. Petrópolis: Vozes, 2018.

BAUCKHAM, R. *O mundo cristão em torno do Novo Testamento*. Petrópolis: Vozes, 2022.

BÍBLIA SAGRADA. 6. ed. Petrópolis: Vozes, 2007.

BIUOL, B. *Os evangelhos à prova da história*: lendas piedosas ou relatos verídicos? Petrópolis: Vozes, 2020.

DOGLIO, C. *Literatura joanina*. Petrópolis: Vozes, 2020.

DORÉ, J. (Dir.). *Jesus*: a enciclopédia. Petrópolis: Vozes, 2020.

DUNN, J. D. G. *Teologia do Novo Testamento*: uma introdução. Petrópolis: Vozes, 2021.

DUNN, J. D. G. Jesus recordado: o cristianismo em seus começos. São Paulo: Paulus/Biblioteca Teológica, 2022.

HARL, M.; DORIVAL, G.; MUNNICH, O. *A Bíblia grega dos setenta*: do judaísmo helenístico ao cristianismo antigo. São Paulo: Loyola, 2007.

HEYER, C. J. *Paulo, um homem de dois mundos*. São Paulo: Paulus, 2009.

HOLGATE, D. A.; STARR, R. *Hermenêutica bíblica*. Petrópolis: Vozes, 2023.

HORSLEY, R. A. *Paulo e o império*: religião e poder na sociedade imperial romana. São Paulo: Paulus, 2004.

MARGUERAT, D. *Vida e destino de Jesus de Nazaré*. Petrópolis: Vozes, 2021.

MARGUERAT, D. (Org.). *Novo Testamento*: história, escritura e teologia. São Paulo: Loyola, 2009.

MARTIN, A.; BROCCARDO, C.; GIROLAMI, M. *Cartas deuteropaulinas e cartas católicas*. Petrópolis: Vozes, 2020.

MASCILONGO, P.; LANDI, A. *Evangelhos sinóticos e Atos dos Apóstolos*. Petrópolis: Vozes, 2022.

PAGOLA, J. A. *Jesus: aproximação histórica*. Petrópolis: Vozes, 2014.

PITTA, A. *Cartas paulinas*. Petrópolis: Vozes, 2019.

PUIG, A. *Jesus*: uma biografia. São Paulo: Paulus, 2020.

TAYLOR, J. *As origens do cristianismo*. São Paulo: Paulinas, 2010.

Conecte-se conosco:

facebook.com/editoravozes

@editoravozes

@editora_vozes

youtube.com/editoravozes

+55 24 2233-9033

www.vozes.com.br

Conheça nossas lojas:

www.livrariavozes.com.br

Belo Horizonte – Brasília – Campinas – Cuiabá – Curitiba
Fortaleza – Juiz de Fora – Petrópolis – Recife – São Paulo

EDITORA VOZES LTDA.
Rua Frei Luís, 100 – Centro – Cep 25689-900 – Petrópolis, RJ
Tel.: (24) 2233-9000 – E-mail: vendas@vozes.com.br